体がすべて楽器です！
ザ・ボディパーカッション
ほかほかパン屋さん

山田俊之 著

音楽之友社

体がすべて楽器です！
ザ・ボディパーカッション
ほかほかパン屋さん
目次

はじめに……4

Part1
歌や楽器に合わせたボディパーカッション

きらきらぼし　武鹿悦子作詞・フランス民謡・山田俊之編曲……6

かえるの合唱　岡本敏明作詞・ドイツ曲・山田俊之編曲……8

手のひらを太陽に　やなせ・たかし作詞・いずみ たく作曲・山田俊之編曲……9

踊ろう楽しいポーレチケ
　　小林幹治訳詞・シゲチンスキー作曲・山田俊之編曲……12

ふるさと　文部省唱歌／高野辰之作詞・岡野貞一作曲・山田俊之編曲……14

喜びの歌　ベートーヴェン作曲・山田俊之編曲……16

＊ボディパーカッションでやってみましょう（イラスト）……18

Part2
手拍子／足踏み・アンサンブル

手拍子リズム名人　山田俊之作曲……20

小鳥のさえずり　山田俊之作曲……22

ソレソレ・ヨッシャヨッシャ・どっこいしょ　山田俊之作詞・作曲……23

＊エピソード1　ボディパーカッションの生みの親
「山ちゃんの楽しいリズムスクール」……30

＊エピソード2　「ボディパーカッション」という名称……30

Part3
ボイス・アンサンブル

ピーチク・パーチク・ポンポコリン　山田俊之作詞・作曲　32

どんぶりパーティ　山田俊之作詞・作曲……33

ほかほかパン屋さん　山田俊之作詞・作曲……38

＊エピソード3　聴覚障害とボディパーカッション……42

＊エピソード4　小・中学生の驚くべき実態……42

Part4
ボディパーカッション・アンサンブル

トライアングル・カノン　山田俊之作曲……44

リズミック・ボディパ　山田俊之作曲……45

ハンドクラップ・トリオ　山田俊之作曲……56

おわりに……60

ボディパーカッション 20年間のあゆみ……61

ボディパーカッション指導のポイント

指導の際には、次のような点を心掛けるようにしました。
＜言語的なもの＞
●発問…できるだけ分かりやすい言葉で問いかける。
●指示…具体的に体を使ってお手本を見せる(リズム打ち)。
●説明…言葉の説明は少なく、体や感覚(五感)で理解する。
＜非言語的なもの＞
●態度…子どもと同じ感覚と目線で授業をする。
●動作…リラックスして心も体も自然体を心掛ける。
●表情…できるだけ受容的態度や笑顔を心掛ける。

はじめに

　このたび、本書『体がすべて楽器です！ザ・ボディパーカッション ほかほかパン屋さん』は、姉妹編の『同 ケチャ風お茶づけ』とともに同時出版させていただきました。2冊に掲載した作品は、おもに月刊誌『教育音楽 小学版』（音楽之友社）に2005年4月号から連載執筆している「山ちゃんの楽しいリズムスクール」から選曲したものです。

　この本のタイトル曲《ほかほかパン屋さん》は、パン屋さんの店頭に並んでいた焼きたてパンがとても美味しそうだったので、思わず買ったことがきっかけでできたボイスアンサンブル曲です。ほかにも、天丼、カツ丼、親子丼など美味しそうな丼物の名前がたくさん出てくる《どんぶりパーティ》も掲載しました。食べ物ばかりで食いしん坊のようですが、子ども達は日常の生活によく出てくる題材を身近に感じるので、きっととても喜んで演奏しますよ！

　私の経験から、ボイス・アンサンブルやボディパーカッションなどの「体を使ったリズム表現活動」は、歌や楽器が苦手な子ども達でも手軽に取り組むことができます。

　歌に手拍子のリズム伴奏を合わせる《手のひらを太陽に》は、小学校1年生から簡単にできます。また《ハンドクラップ・トリオ》や《リズミック・ボディパ》などのボディパーカッション・アンサンブル曲は、高学年にとってもレベルの高いやりがいのある作品になると思います。どうぞ挑戦してみてください。

　ボディパーカッションは、小学校の低学年から高学年、また特別支援が必要な子ども達も一緒に楽しめます。子ども達が他の人を思いやることを学べる教材としても、本書に掲載した作品を大事に育てていきたいと考えています。

　内容はできるだけ分かりやすく説明をしたつもりですが未熟な点が多いことを、どうぞお許しください。この教材集を通して、子ども達の仲間意識を育て、自己表現能力が高まりコミュニケーション能力が育つことを願っています。

2007年7月　山田俊之

Part1

歌や楽器に合わせたボディパーカッション

きらきらぼし

　この曲は、小学校1年生から歌や鍵盤ハーモニカで楽しく演奏できる曲だと思いますので、それに合わせて手拍子を打ってください。手拍子のリズムパターンは、①パートから②パート、③パートへと少しずつスモール・ステップアップしていますので、子ども達は意欲的にチャレンジできると思います。

　子ども達だけで②パート、③パートのリズムを打てるようになったら、教師が①パートのリズムを手拍子でなく、大太鼓（バスドラム）で打ってあげるとまた違った楽しさになります。

演奏の仕方と留意点

　歌（または鍵盤ハーモニカ）を演奏するグループと、手拍子①・手拍子②・手拍子③に分かれて、次のような順番で演奏してください。歌に合わせて、楽しく手拍子を打ってください。

1 歌（または鍵盤ハーモニカ）と手拍子①パート
2 歌（または鍵盤ハーモニカ）と手拍子②パート
3 歌（または鍵盤ハーモニカ）と手拍子③パート
4 歌（または鍵盤ハーモニカ）と手拍子①・②パート
5 歌（または鍵盤ハーモニカ）と手拍子①・③パート
6 歌（または鍵盤ハーモニカ）と手拍子①・②・③パート

指導のポイント

・手拍子は強く打つと、手が赤くなったり、かゆくなったりしますので、強く打ちすぎないように指導してください。
・演奏の途中で、手拍子のリズムが少しずれても、あまり気にしないでください。少しの音のずれは、装飾音符ととらえましょう。
・特別支援が必要な子ども達がいる場合は、間違いを気にしないように楽しく打たせてください。

武鹿悦子　作詞
フランス民謡
山田俊之　編曲

Arrangement © 2007 by Toshiyuki Yamada

かえるの合唱

歌に手拍子のリズム伴奏をつけます。歌いながら（輪唱しながら）手拍子を打っていきます。

演奏の仕方と留意点

3つのグループに分かれ、1グループから順に2小節ずつ遅れて2グループ、3グループと入っていきます。手拍子は歌の伴奏なので軽く演奏してください。

1. はじめは歌と手拍子を分けて行い、子ども達がある程度できるようになったら、手拍子と歌を一緒に行います。
2. 手拍子が確実にできるようになったら体を叩いてみましょう。
    1グループ（手拍子）2グループ（両手でひざ打ち）3グループ（足踏み）
3. グループで叩くところを交代して行うとさらに楽しくなります。

（原曲は2/4拍子です）

Arrangement © 2007 by Toshiyuki Yamada

手のひらを太陽に

　この曲は、1年生から6年生まで、手拍子をしながら歌えると思いますので楽しんでください。手拍子3パートすべてのリズムが変化していきますので、子ども達は意欲的にチャレンジできると思います。

★『楽しいボディパーカッション②山ちゃんのリズムスクール』(p.46)には、ボイス・パーカッション伴奏の《手のひらを太陽に》を掲載していますので、参考にしてください。

演奏の仕方と留意点

　全体を手拍子①・②・③パートに分けてください。各パートとも手拍子をしながら歌う練習をしましょう。次のように、段階的に指導すれば無理なくできると思います。

初級コース　　歌と①パートのリズムを合わせる。
　　　　　　　歌と②パートのリズムを合わせる。
　　　　　　　歌と③パートのリズムを合わせる。
中級コース　　歌と①・②パートのリズムを合わせる。
　　　　　　　歌と②・③パートのリズムを合わせる。
　　　　　　　歌と①・③パートのリズムを合わせる。
上級コース　　歌とボディパーカッション（手拍子）を一緒に行う。

指導のポイント

　最初は歌と手拍子を分けて演奏したほうが、子ども達はスムーズに演奏できると思います。その時、歌と手拍子の音量のバランスを考えてください。下記の例を参考にしてください。

［1クラス30名の場合］

初級コース
　　歌（20名）＋①パートのリズム（10名）
　　歌（20名）＋②パートのリズム（10名）
　　歌（20名）＋③パートのリズム（10名）
中級コース
　　歌（20名）＋①パートのリズム（5名）＋②パートのリズム（5名）
　　歌（20名）＋②パートのリズム（5名）＋③パートのリズム（5名）
　　歌（20名）＋①パートのリズム（5名）＋③パートのリズム（5名）
上級コース
　　①パート（10名）：歌と①パートのリズム
　　②パート（10名）：歌と②パートのリズム
　　③パート（10名）：歌と③パートのリズム

手のひらを太陽に

やなせ・たかし 作詞
いずみ たく 作曲
山田俊之 編曲

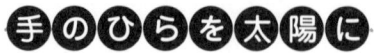

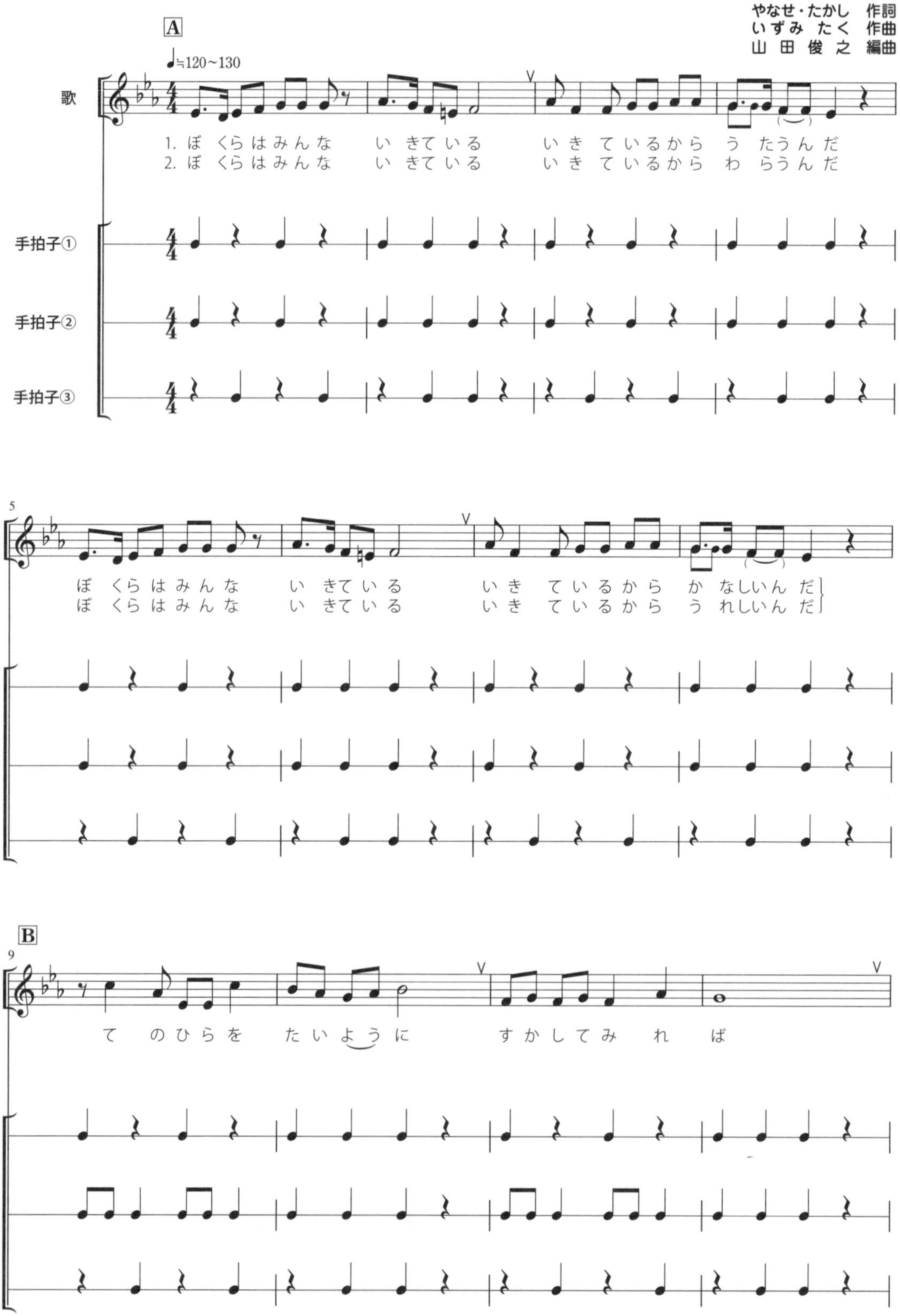

踊ろう楽しいポーレチケ

　この曲は3拍子のリズムに乗って、踊るような気持ちで歌いたい曲です。ボディパーカッションも正確に打つことより、楽しく打つことを心がけてください。楽しければ心も開放されて自然に体が動いてきます。下記のように、3段階を追って指導してください。子ども達は自分が少しずつレベルアップしていくことに興味を示します。

演奏の仕方と留意点

1 最初は全員が、手拍子だけで3拍子を打ちながら歌ってください。リズムに乗って調子よく打ってみましょう。1拍目に軽くアクセントを入れると調子よくなります。
2 全員で歌を歌いながら、①パートのリズム打ちをします。ひざ打ち・手拍子・指チップのくり返しなので、簡単にできるようになります。
3 歌を歌いながら、①パートのリズム打ちを担当するグループと、②パートに分けてください。②パートのリズム打ちは、足踏みと手拍子の組み合わせです。
　パートの人数のバランスは、②パートが全体の3分の1程度が適当だと思います。
　［例］
　クラスの人数が30人の場合は、20人が歌と①パート、10人が②パート
4 歌のパートと、ボディパーカッション①・②に分かれます。
　パートの人数のバランスは歌とボディパーカッションのそれぞれが半数ずつが適当でしょう。
　［例］
　クラスの人数が30人の場合は、歌が16人、ボディパーカッション①パート7人、ボディパーカッション②パート7人

指導のポイント

・この曲は3拍子のリズムを軽快に踊るような気持ちで演奏させてください。
・リズムのタイミングは「1、2、3」の「1」にアクセントが入るような感覚で演奏することを指導してください。
・歌とリズム伴奏を一緒に行う場合は、歌とリズムパート①、歌とリズムパート②という演奏も楽しくできますので試してください。

踊ろう楽しいポーレチケ

小林幹治 訳詞
シゲチンスキー 作曲
山田俊之 編曲

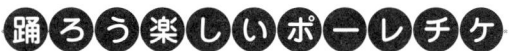

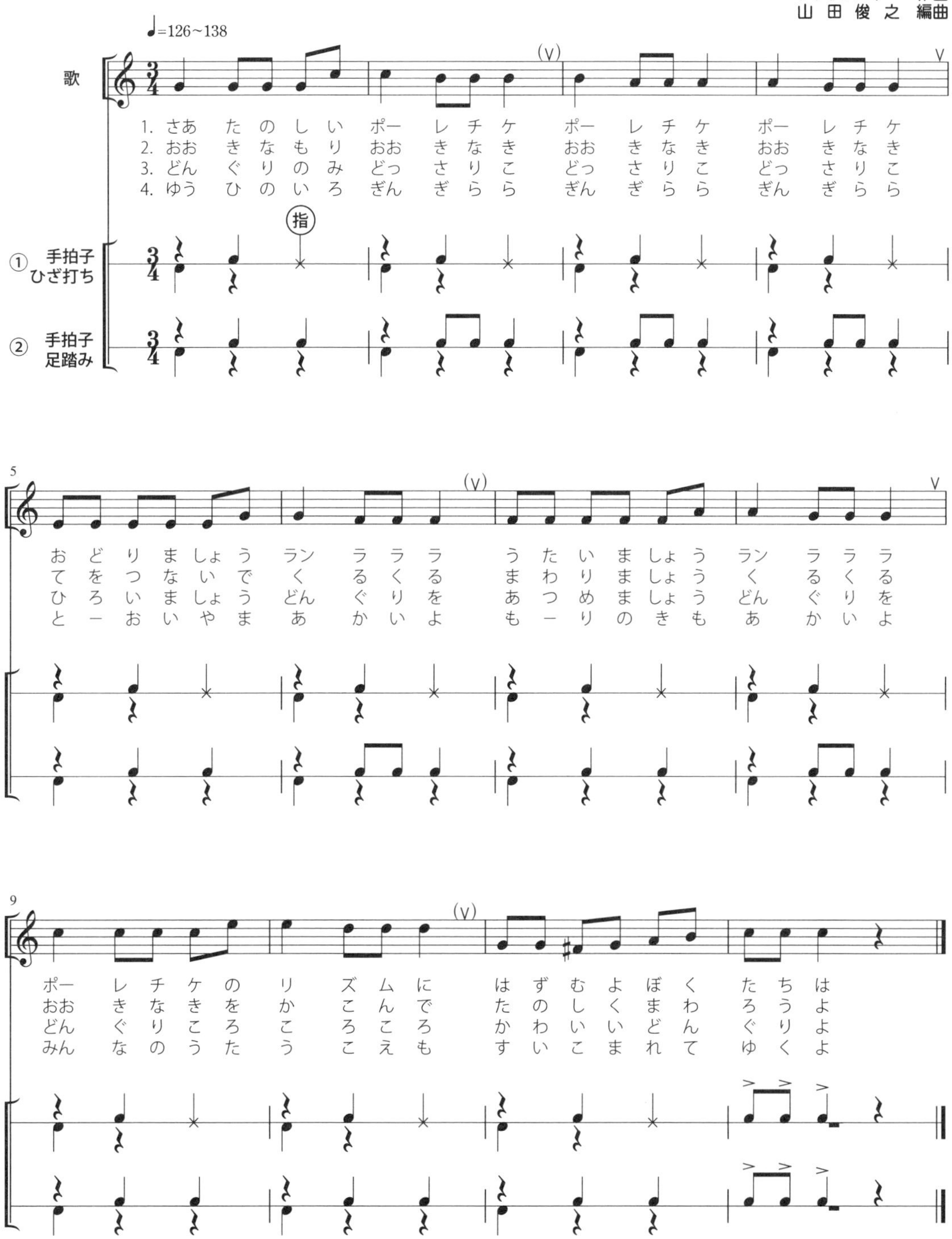

は指チップ

ふるさと

　4年生の総合的学習のカリキュラム研究で、高齢者のデイサービス施設へ訪問し、おじいさん、おばあさん達と触れ合う福祉をテーマにした授業研究を行いました。その時、おじいさん、おばあさん達に一番人気のあった曲が《ふるさと》でした。皆さんも機会があったら、高齢者の方々と一緒に、この《ふるさと》のボディパーカッションで交流を深めてください。

演奏の仕方と留意点

　全体を3グループ（A、B、C）に分けてください。

1 歌は3番まで歌ってください。1番、2番、3番と歌っていくと、必ずボディパーカッションを2回することになりますので、歌が苦手な子ども達でも楽しく参加することができます。
2 歌を歌いながらボディパーカッションができるようになったら、3番まで演奏させてみてください（なかなか難しいですよ!）。

・歌1番の時
　Aグループは歌（1番）、Bグループは①パート、
　Cグループは②パート
・歌2番の時
　Aグループは②パート、Bグループは歌（2番）、
　Cグループは①パート
・歌3番の時
　Aグループは①パート、Bグループは②パート、
　Cグループは歌（3番）

指導のポイント

・最初は3拍子のリズム感覚を「1、2、3」と口ずさみながら指導してください。3拍子は、4拍子の曲と違って慣れていない子どももいますので、その点に気をつけてください。
・ご存知の方もおられると思いますが、作詞の高野さんは題名でもある「ふるさと」に思いを寄せて3番の歌詞を書かれていますので、3番まで続けて歌うようにしてください。

ふるさと

文部省唱歌
高野辰之 作詞
岡野貞一 作曲
山田俊之 編曲

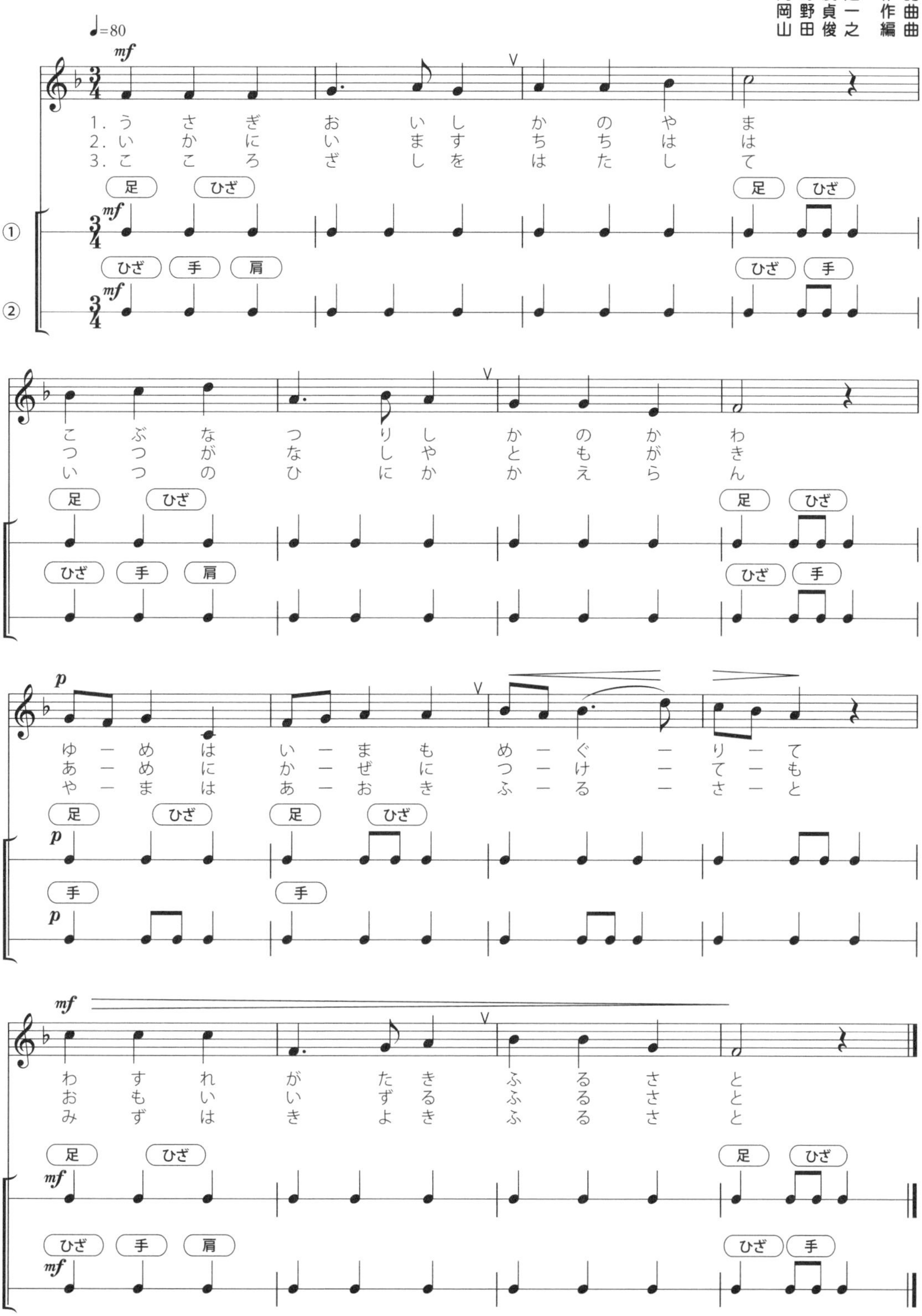

足 =片足で足踏み　ひざ =ひざを両手で同時に打つ　手 =手拍子　肩 =両手をクロスして肩を打つ

喜びの歌

　ベートーヴェンが耳が聞こえなくなってから作曲した、《交響曲第9番から〈喜びの歌〉》に簡単な手拍子を入れました。手拍子のリズムは小学校低学年から簡単にできます。メロディーは、リコーダーまたは鍵盤ハーモニカで演奏してください。

　ベートーヴェンが聴覚障害であっても、素晴らしい曲をたくさん作曲したことを、特別支援教育の視点からも子ども達に伝えてください。

演奏の仕方と留意点

　全体を3パート（メロディーの楽器、手拍子①、手拍子②）に分けてください。

1 メロディーの楽器パートと手拍子①パートは、3回くり返します。
2 手拍子②パートは、1回目、2回目、3回目とリズムパターンが変わります。
3 3段目の手拍子は、①②パートともに同じリズムパターンになります。

指導のポイント

・手拍子のリズムは、①パートが基本のリズムです。②パートは2回目からアフタービートのリズムになりますので、少しリズムが取りにくい子どもがいるかもしれませんので配慮をお願いします。
・学級などでくり返し練習する場合は、パートを順に入れ替えて行うと、子ども達の意欲がさらに増すと思います。
・3回くり返すことにより、気持ちを盛り上げるように行ってください。

ボディパーカッションでやってみましょう

手拍子

おなかを叩く

ひざを叩く
（ふとももあたりを叩きます）

すねを叩く

胸を叩く

足踏み

おしりを叩く

両手を交差して肩を叩く

ジャンプする

↕ 10cmくらい

※足踏みとジャンプ以外は、両手で叩く方法と左右交互に叩く方法があります。初めての人は、両手打ちからやってみましょう。

Part2

手拍子／足踏み・アンサンブル

手拍子リズム名人

　この曲は、＜リズム模倣＞教材です。1小節の様々なリズムパターンを手拍子で打って、"手拍子リズム名人"にチャレンジしてみましょう。子ども達の意欲を引き出すために、リズムの難易度を5段階に分けて、スモール・ステップアップにしました。レベル4、レベル5は、指導者が事前に練習をしておかなければ、ちょっと手ごわいですよ。では、がんばってください。
★このリズム遊びは、『楽しいボディパーカッション①リズムで遊ぼう』の＜まねっこリズム＞の応用編です。

演奏の仕方と留意点

各コースについて

ノーマル名人コース（レベル1）
　4分音符を中心に構成しているので、低学年から簡単にできるリズムです。

スーパー名人コース（レベル2）
　8分音符が入り、ややリズミカルなリズム。子ども達がすぐに打てるリズムです。

ハイパー名人コース（レベル3）
　このコースから4拍目にもリズムが入ります。瞬時に1小節の＜リズム模倣＞をしますので、結構大変です。

ウルトラ名人コース（レベル4）
　いよいよこのコースから16分音符や3連符が入ります。子ども達も真剣になってきますよ。できないと意地になってきます。

ミラクル名人コース（レベル5）
　最後のコースは指導者にとっても真剣勝負です。16分音符や3連符を連続して打っていきますので、相当な集中力とタイミングよく打つことが必要です。しかし間違っても気にしないで、楽しんでください。

指導のポイント

・低学年（♩=100）、中学年（♩=110）、高学年（♩=120）とテンポの設定を変えてありますので参考にしてください。
・指導者が事前にレベル4やレベル5の練習をする時は、ゆっくりしたテンポから始めて、リズムパターンを正確に理解してください。

小鳥のさえずり

　この曲は、両手首をつけて小さな音で手拍子を行う、〈チューリップリズム〉奏法で演奏します。この奏法で手拍子を打つ姿が鳥の羽ばたきのように見えるところから、この曲名をつけました。

★〈チューリップリズム〉の演奏の仕方は『楽しいボディパーカッション①リズムで遊ぼう』(p.30)に詳しく紹介しています。

演奏の仕方と留意点

全体を4パートに分けてください。

1 Aは、①②パートと、③④パートがそれぞれ1小節遅れのカノン形式で、同じリズムパターンを演奏します。
2 Bは、①④パートと、③②パートがそれぞれ2小節遅れのカノン形式で、同じリズムパターンを演奏します。
3 Cからのアンサンブルはテンポが遅れてしまうことが多いのですが、最初の練習段階では無理にテンポキープを要求しないでください。
4 DはAと同じリズムパターンです。
5 エンディング（コーダ）だけが4パート同じリズムパターンを打ちます。

指導のポイント

・1回の練習は、できれば10分〜15分程度で終わってください。長時間練習すると手首が痛くなったりすることがありますので、注意してください。
・演奏の途中で、手拍子のリズムがずれてもあまり気にしないでください。少しのずれは装飾音符としてとらえてください。少しずれた音が、全体の音の厚みを増します。

チューリップリズム

　チューリップの花のような形で手拍子を行います。顔の前で分かりやすく叩きましょう。打った音が手拍子や足踏みに比べて極端に小さいので、音を聞くための集中力が必要となります。（叩き方→p.27）

ソレソレ・ヨッシャヨッシャ・どっこいしょ

　この曲は、手拍子・足踏み・声の組み合わせ（アンサンブル）によるボディパーカッションです。クラスの行事や集会行事、発表会など様々な場面で活用できると思います。1年生から楽しく取り組めますのでお試しください。

演奏の仕方と留意点

　全体を3パートに分けてください（最少人数は3人からできます）。
1 使う音
　①パートは、手拍子・足踏み・かけ声（ソレッ！）
　②パートは、手拍子・足踏み・かけ声（ヨッシャ！）
　③パートは、手拍子・足踏み・かけ声（ドッコイ！）
2 足踏みは、太鼓を打っているような気持ちで演奏しましょう。
3 「ソレッ！」「ヨッシャ！」「ドッコイ！」は、元気よく、言葉をはっきり言いましょう。
4 Cは、手拍子を打ちながら元気よく演奏しましょう。

指導のポイント

・足踏みが入りますので、練習を行う場所（教室など）が、2階以上の場合は、階下の迷惑にならないように配慮をお願いいたします。
・「ソレ！」「ヨッシャ！」「ドッコイ！」のかけ声は、全員がなるべく揃うように指導してください
・手拍子、足踏みのリズムが少しずれても、あまり気にしないでください。
・一番最後の手拍子が合うことで、うまくできない子ども達も一体感を味わうことができます。優しい配慮をお願いいたします。

山田俊之　作曲

※〈チューリップリズム〉で演奏します。

© 2007 by ONGAKU NO TOMO SHA CORP., Tokyo, Japan.

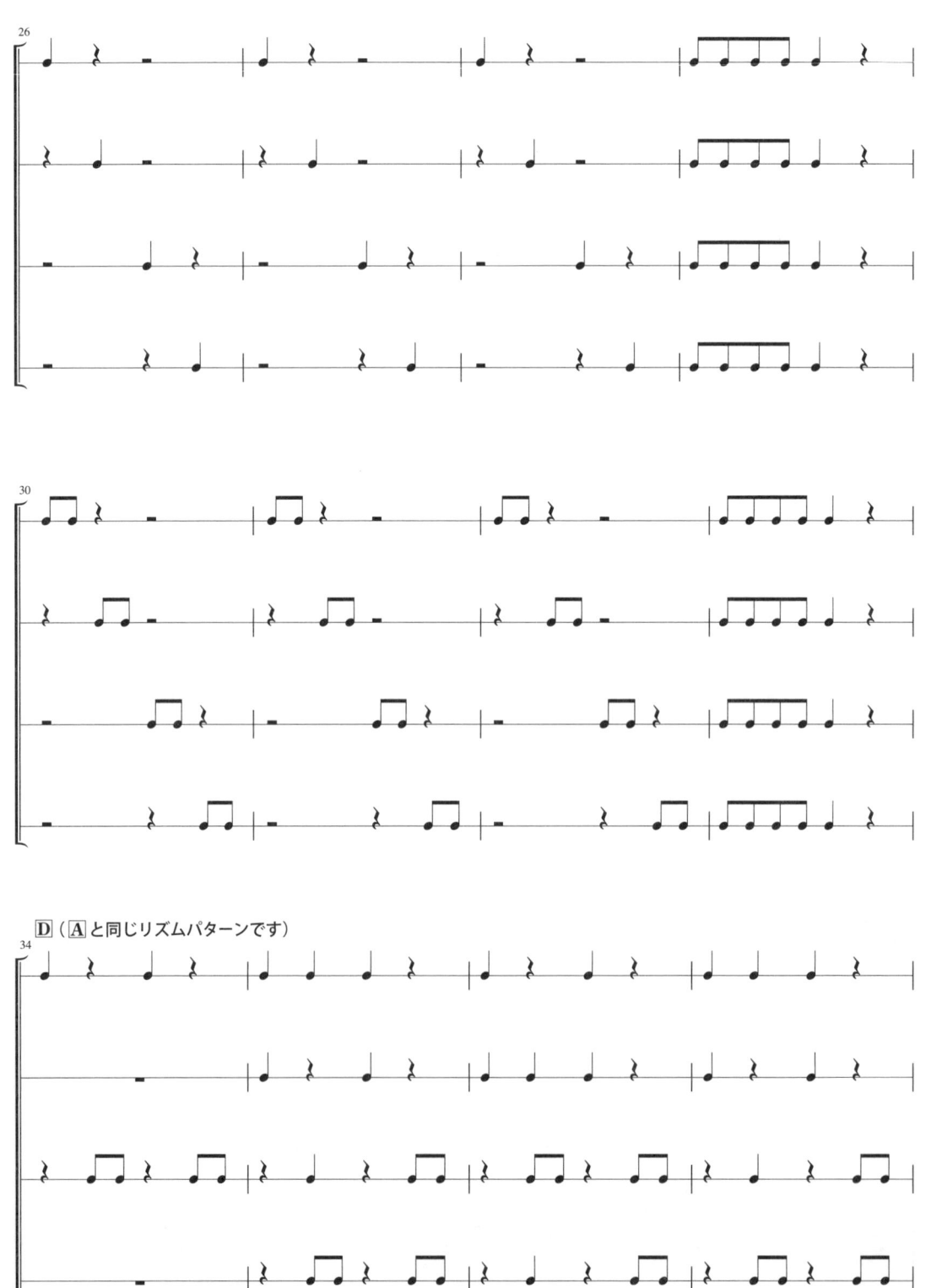

（チューリップリズム）

つける

パチッ！

ソレソレ・ヨッシャヨッシャ・どっこいしょ

山田俊之 作詞・作曲

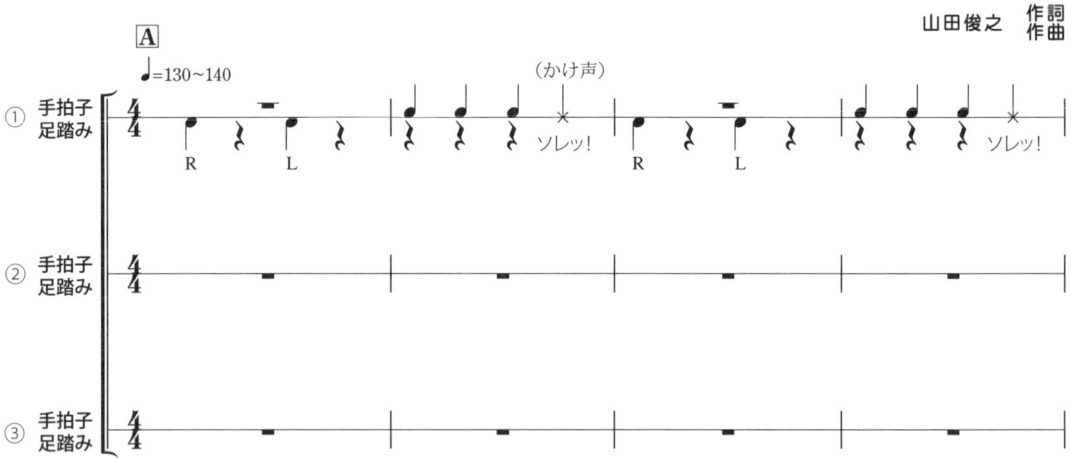

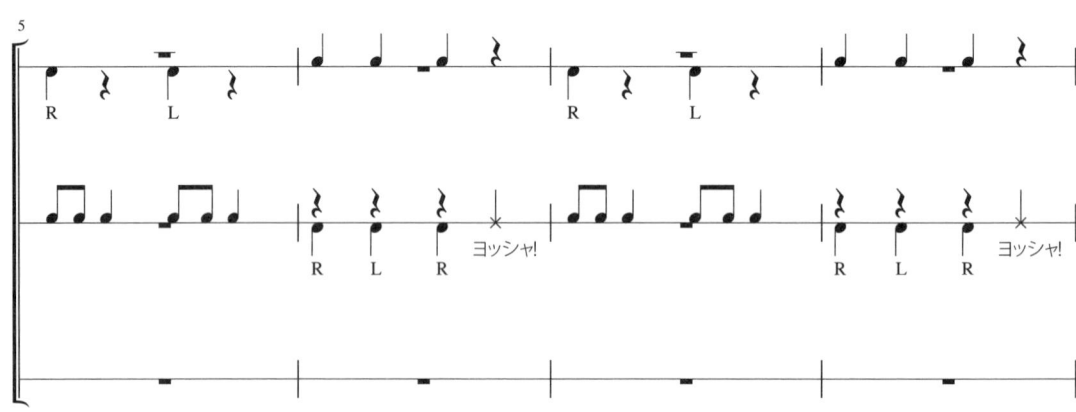

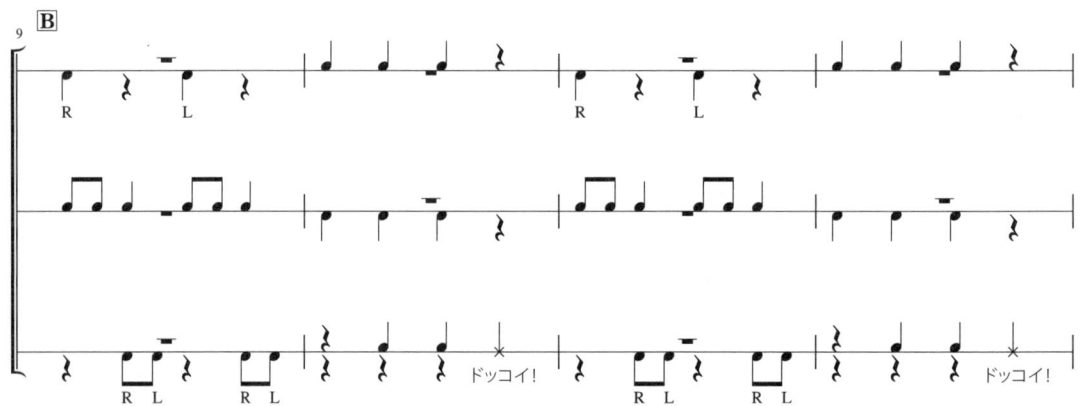

© 2007 by ONGAKU NO TOMO SHA CORP., Tokyo, Japan.

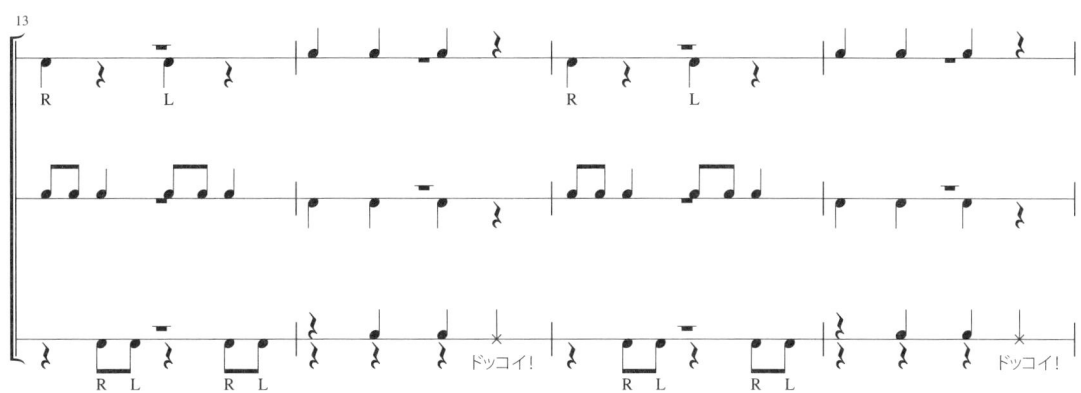

C （手拍子を打ちながら）

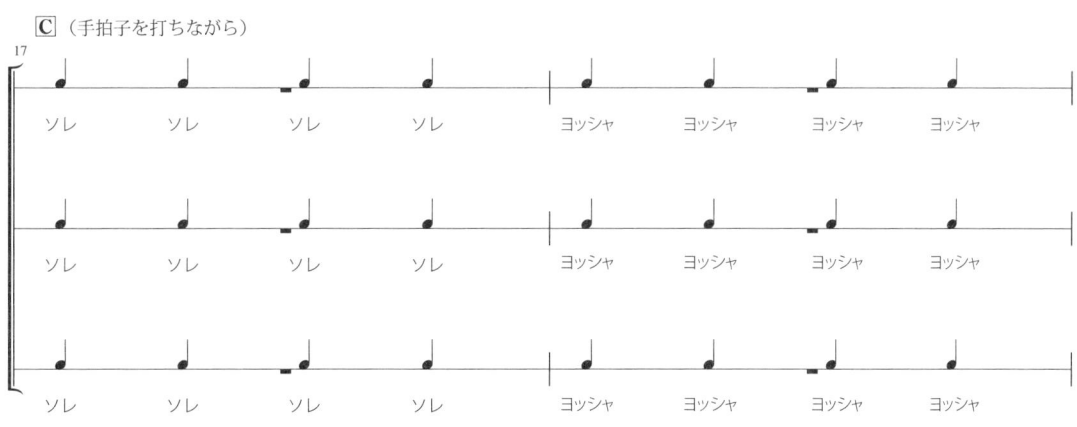

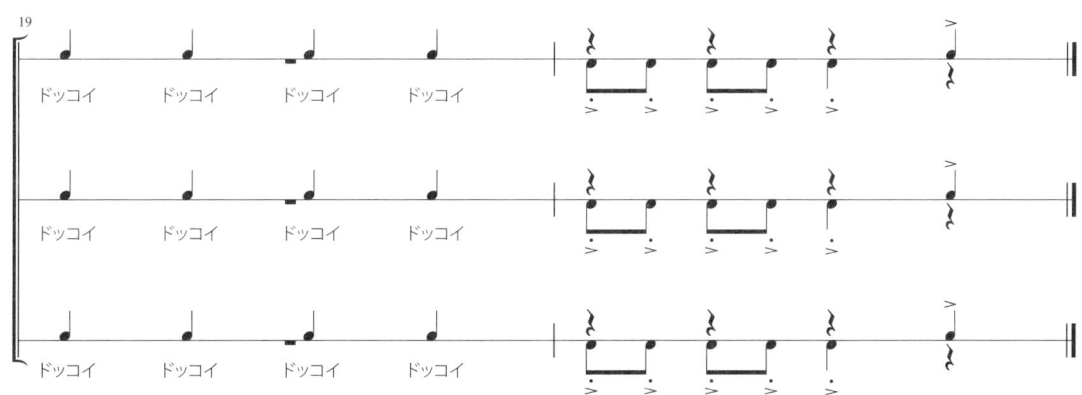

エピソード1
ボディパーカッションの生みの親
「山ちゃんの楽しいリズムスクール」

　今から20年ほど前（1986年）の10月、小学校4年生を受け持っていた私は、「山ちゃんの楽しいリズムスクール」と題して、1回15分程度の時間で、手拍子を中心におなかやひざや机を叩いたりするリズムアンサンブルの自主教材を楽しんでいました。

　それは、言葉で上手に表現することが苦手で、友達の輪の中になかなか入れない子どもや、乱暴な子ども、また自己表現が苦手な子どもが友達同士で一体感や仲間意識を育て、良好なコミュニケーションをとれたらと願って、「学級活動」「朝の会」「帰りの会」「ゆとりの時間」などで始めた学級レクリエーション的なものです。

　きっかけは歌も楽器も苦手な子どもが、給食準備中に校内放送で流れる音楽、モーツアルトの《アイネ・クライネ・ナハトムジーク》に合わせて、楽しそうにひざを叩いていたのを見て、リズムであれば誰でも楽しめると直感したことです。

　作曲家の武満徹氏が『音楽を呼びさますもの』（新潮社）の中で、アメリカの革新的手法の作曲家ジョン・ケージ氏の実験について次のようなことを述べています。彼はある時、実験的に作られた無響室に入る機会がありました。空気振動を人為的に94％まで不能にした部屋に入り、完全な静寂を求めたのですが、2つの音が聞こえたそうです。それは心臓の音と体内を流れる血液の音だったということです。

　このことからも人間の根源的な音にリズム（心臓の鼓動）があるのが分かるのではないでしょうか。そして、私が考えたのも「音符が読めなくても、楽器が弾けなくても、歌が苦手でも体を使って音を楽しむことができる」体感的なリズム教材でした。

エピソード2
「ボディパーカッション」という
名称の由来

　同年（1986年）10月、福岡県久留米市立大橋小学校4年生の受け持ちの子ども達と「山ちゃんの楽しいリズムスクール」を行っていた時、ある子どもが「体全部が太鼓になるね」といった一言から、当初は「人間太鼓」という名称で呼んでいました。しかし子ども達にとってなんとなく日本語は呼びにくい感じがあり、当時私は地元の市民吹奏楽団に所属しパーカッションを担当していましたので、それをヒントに、同年11月に"体がすべて楽器"からイメージして「ボディパーカッション」と名付けたのが始まりです。

＊ボディ（body）…身体、パーカッション（percussion）…打楽器や太鼓の総称

　あまりにも自然な言葉で昔からある言葉かなとも思っていましたが、ボディパーカッションと名付けた活動を始めて8年以上が経った1995年12月に、朝日新聞社の方が取材に来られ質問を受けました。「ボディパーカッションという言葉を世界中の言語検索データで調べましたが、山田先生が1993年に開催されたボディパーカッション・コンサートや、1995年のドイツの音楽学校のパーカッショングループと共演された記事以外は何も検索できませんでした。一体どんな内容の音楽なのですか」と。その時、改めて子ども達と一緒に命名した名称「ボディパーカッション」は私の造語なのだと確認しました。

　その際、新聞社の方が日本語の場合、「ボディ」ではなく「ボディー」と表現しないと、入力エラーが出て困っていますと言われていたのが印象的でした。ちなみに私が「ボディ」表記にこだわったのは、単純に「ボディー」ではアクセントの位置が変わりネイティブの発音にならなかったからです。

Part 3

ボイス・アンサンブル

ピーチク・パーチク・ポンポコリン

「ピーチクパーチクひばりの子」という言葉に聞き覚えはありませんか？この曲の「ピーチク・パーチク」は小鳥のヒバリのこと、「ポンポコリン」はもちろんタヌキのことです。このヒバリとタヌキの二つの言葉でボイス・アンサンブルを楽しんでください。

使う言葉は、「ポン・ポン・ポンポコリン」と「ピーチク・パーチク・ピーピーピー」だけなので、1年生から十分に楽しめます。4年生以上で演奏する場合は、テンポをやや速めの♩=140以上に設定すると、スピード感溢れるユーモラスな曲になります。

演奏の仕方と留意点

全体を2パートに分けてください（最小人数2名からできます）。
1 Bは、お互いのパートをミックスした言葉で発声します。
2 Dは、2パート一緒に同じ言葉で発声します。
3 最後の8小節はフォルテシモ（かなり強く）で発声します。
4 「ピーチク・パーチク」や「ポンポコリン」のポーズを考えたり、ヒバリやタヌキのお面を作ったりすることも楽しい活動になると思います。

指導のポイント

・大きく口を開けて、言葉をはっきり発声するよう指導してください。
・子ども達の中でうまくタイミングが揃わない場合も、そのずれは「心地よいエコー効果」ととらえて指導してください。
・大きく怒鳴るような声を出したり、逆に頭声的な発声にこだわったりしないで、自然な形で発声させてください。声を響かせるというよりは、言葉を揃えるイメージで行ってください。

どんぶりパーティ

　ボイス・アンサンブルと簡単な手拍子の曲です。歌が苦手な子ども達でも、楽器が苦手な子ども達でもすぐ取り組むことができます。授業で教材として使う場合は、導入で子ども達の好きな丼を上げて、それにこの曲に出てくる丼を追加されたらいかがでしょうか？私の独断と偏見で子ども達が好きな丼を取り上げていますが、全国にたくさん美味しい丼があると思います。どうぞご勘弁ください。

この曲に出てくる丼メニュー8種類
　①天丼 ②牛丼 ③カツ丼 ④うなぎ丼 ⑤親子丼 ⑥まぐろ丼
　⑦いくら丼 ⑧うに丼

演奏の仕方と留意点

　全体を2パートに分けてください。
1 8小節目の「いただきます」のところは、同時に手拍子を打ってください。
2 21小節①パートの「チョッと」のタイミングは、シンコペーションのリズムで、1拍目の裏拍から入りますので気をつけてください。
3 25小節～32小節は、リズムに乗って、スピード感を出してください。この部分は、歌に例えると「サビ」の部分になります。
4 最後の2小節は、みんなで元気いっぱいに声を出してください。そして、「ごちそうさま」のところは同時に手拍子を打ってください。

指導のポイント

・集会行事や授業参観などで行う場合は、「丼のカード」などを準備すると低学年の子ども達や参観者が分かりやすいと思います。
・「はらへった」と「はらいっぱい」のところは、動作も一緒に子ども達と考えたら楽しい表現になると思います。
・言葉のアンサンブルは音程に関係しませんので、少しタイミングを間違えたりする子どもがいても気にせず指導を進めてください。何度か練習するうちに、かなりの子ども達ができるようになってきます。
・どうしても他の丼を食べたい場合は、どうぞ自由にメニューを変更してください。それでは美味しい「どんぶりパーティ」を開かれることを祈念いたします。

どんぶりパーティー

山田俊之　作詞
　　　　　作曲

ほかほかパン屋さん

　この曲は、パン屋さんに行ってパンがたくさん並んでいるのを見て思いついた曲です。とくに「いま焼き上がりました」とパン屋さんが持ってこられるパンは「ほかほか」で、食べたら美味しいだろうなと思わず買ってしまいます。
　最近のパンは焼きそば、ソーセージ、カツサンド、ハンバーガー、チーズ、ピザなど、種類はたくさんありますが、ご紹介する曲は「あんパン」「メロンパン」「カレーパン」「ぶどうパン」と昔からおなじみのパンを選びました。内容も小学校低学年から取り組めるやさしい曲です。

演奏の仕方と留意点

　カノン形式で、各パート順番に入っていきます。
1. 4分音符1拍で、「あん」「メロン」「カレー」「ぶどう」と表示しています。指導者がお手本を示し、子ども達にはそれを模倣させてください。
2. Ⓐの基本リズムで、カレー・ぶどうのパートには8分休符があります。タイミングに気をつけて言葉を入れてください。
3. Ⓒにはクレシェンドが2小節にわたってありますので、児童の息つぎのタイミングに気をつけてください。
4. Ⓓは一番難しいところですが、一番楽しいところでもあります。低学年ではうまく言葉の発声ができない場合もありますので、ゆっくりしたテンポから何度も反復練習をしてください。

指導のポイント

- 低学年の場合は言葉がはっきりしない時がありますので、あんぱんやメロンパンなどの絵を書いて4つ切りの大きなカード（イラスト）を各パートが準備すると、より分かりやすくなると思います。
- 言葉をはっきり伝えるために、あまり演奏が速くならないように指導してください。
- 子ども達が4種類のパンに飽きたら「チーズパン」「ジャムパン」など、好きなパンに代えて発表するのも楽しいと思います。
- ＊蛇足ですが、私は「ぶどうパン」が大好きなので必ず入れてます。

★ボイス・アンサンブル曲は本書のほかに、《グー・チョキ・パー》《ワン・ニャン・ブーブー・コケコッコー》《フルーツ・ア・ラ・カルト》は、『楽しいボディパーカッション②山ちゃんのリズムスクール』に掲載しています。《みんなでグー・チョキ・パー》《ケチャ風お茶づけ》《がんばれチャチャチャ》《祭だ！ワッショイ》は、本書の姉妹編『ザ・ボディパーカッション ケチャ風お茶づけ』に掲載しています。

ほかほかパン屋さん

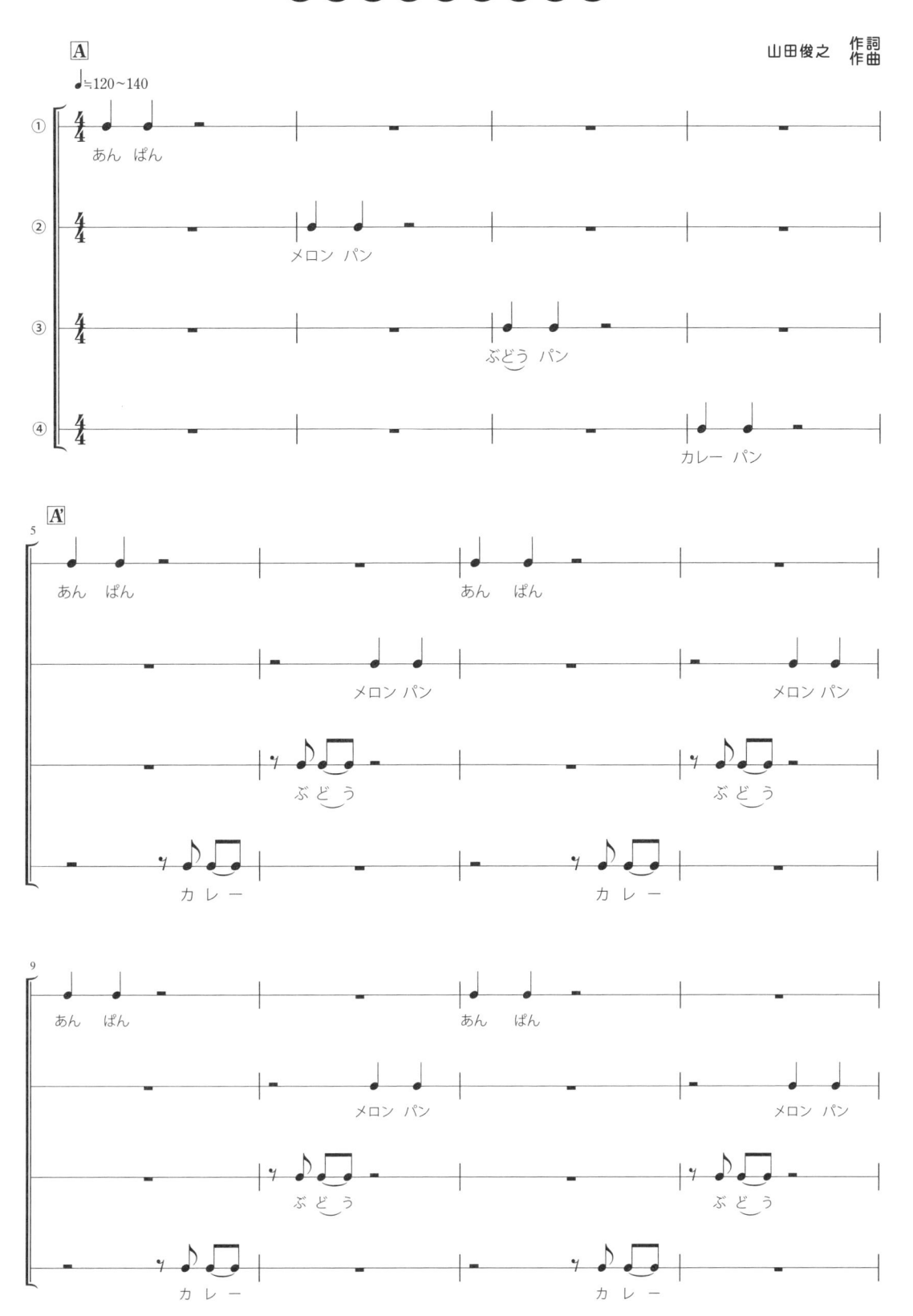

山田俊之 作詞/作曲

Part 3 ボイス・アンサンブル……41

エピソード3
聴覚障害とボディパーカッション

この20年間で、ボディパーカッション教材は子ども達と共に実践を重ね進化発展してきました。本書に掲載した、歌や楽器に合わせたボディパーカッション、ボイス（言葉の)・アンサンブル、手拍子／足踏み・アンサンブル、ボディパーカッション・アンサンブルなどの様々な教材ができました。それは、小学校で18年間、養護学校で7年間、聾学校で10年間（出張指導）、不登校施設などそれぞれの実践現場で、実情に合わせて、ボディパーカッション活動を行ってきた証です。

とくに、「音から一番遠い存在」である聴覚障害の子ども達に、ボディパーカッションを通して音楽を体感してもらったことは、大きな喜びと誇りにつながりました。聴覚障害の子ども達は「音楽が嫌い」といわれる中で、子ども達が「ボディパーカッションは大好きな音楽」と言ってくれたことが今でも心に残っています。

ボディパーカッションはどんな人でも音楽を楽しめるという理念のもとに、大きな力と誇りを与えてくれました。（詳しくは、拙著『ボディパーカッション入門』参照）

エピソード4
小・中学生の驚くべき実態

文部科学省による2002年発表の「児童生徒の心の健康と生活習慣に関する調査」では、「急におこったり、泣いたり、うれしくなったりする」という自己評価の設問に対し、小学生の約60％が、「よくあてはまる」ないしは「ややあてはまる」と答えています。また、「わたしはいらいらしている」という設問では、小学生の30％、中・高生の40％が「よくあてはまる」ないしは「ややあてはまる」と回答しています。

子ども達がコミュニケーション能力不足から、ささいなことですぐに腹を立て、あとの結果も考えずに場当たり的な暴力を振るう昨今、青少年が起こす不可解な事件にも関連して、子ども達のキレる心の原因を探ろうとする調査が行われるようになってきました。

子ども達が他者や環境とのかかわりの中で、社会の一員として自覚を深め、豊かな人間形成をはぐくむために、コミュニケーション能力の育成を目指した教育は日本の大きな教育課題になっていると感じています。ボディパーカッション教材がその解決の一歩になるよう願っています。

ウェーブの作り方

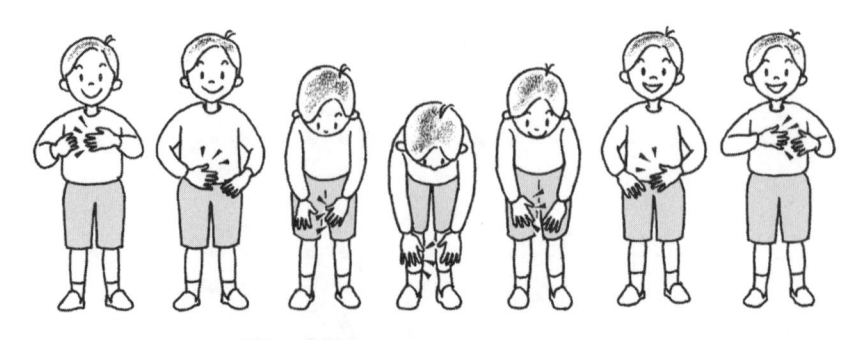

Part 4

ボディパーカッション・アンサンブル

トライアングル・カノン

　ボディパーカッションを使って演奏しましょう。どのパートも簡単なリズムパターンなので、クラスや縦割りのブロック集会、全校集会などで、1年生から6年生まで、学年を超えて楽しく活動できると思います。

　上級編として、1小節遅れのカノン形式の楽譜も掲載しましたので、チャレンジしてください。

演奏の仕方と留意点

　3パートに分かれて、2小節遅れのカノン形式（①パートから順に2小節ずつ遅れて②パート、③パートと入っていきます）で演奏します。

1　最後に演奏を始めた③パートが C の演奏を終わったら、3パート一緒に D を演奏します。
2　最後の4小節の手拍子は強く演奏してください。ただし足踏みは大きな音が出ると思いますので、強さを意識しなくても結構です。

指導のポイント

・手拍子の場合、低学年はリズムに乗ってくるとだんだんテンポが速くなってきます。あまり気にしないで演奏を続けるようにしてください。
・高学年になるほどテンポが落ち着いてきますので、その時は正しいテンポを表示してください。しかし、メトロノームなどに頼り過ぎないようにしてください。
・途中でおなかを叩くところがあります。各パートが演奏途中で少しリズムがずれても、ここで合わせるようにしてください。

＊リズム遊びやボディパーカッションなどのリズム身体表現活動は、指導者が実際に自分でその楽しさを体験し、その楽しい感覚（ハート）を子ども達に伝えることが一番大切なことだと思います。

リズミック・ボディパ

　この曲は、1994年に24時間テレビ「愛は地球を救う」に出演し、〈小学生300人のボディパーカッション〉で発表しました。グループで体を下から上へパタパタ（16分音符の連続）と小刻みに叩く〈ウェーブ奏法〉や、後ろ向きでおしりを叩くといった、視覚的にも楽しめるボディパーカッションです。

★『楽しいボディパーカッション③リズムで発表会』(p.60)《波のささやき》でも〈ウェーブ奏法〉が楽しめます。

演奏の仕方と留意点

　全体を3パートに分けてください。4小節遅れのカノン形式（①パートから順に4小節ずつ遅れて②パート、③パートと入っていきます）で演奏します。

1 ①パートは技術的に少し難しくなりますのでがんばってください。
2 ③パートは手拍子とおしりを叩いてそのあと、行進曲風に大げさに動作をして足踏みをします。この動きがとても楽しい雰囲気になります。
3 42小節のところは、ジャンプして振り返って着地したタイミングになります。このポイントをしっかり合わせてください。
4 〈ウェーブ奏法〉は、すね→ひざ（実際には太腿の部分）→おなか→胸へと1拍ずつ、16分音符を意識して、なめらかに叩いてください。（ウェーブの作り方→p.42）

指導のポイント

・手拍子に比べて、おなかやひざ、おしりは音量が小さいので、できるだけ動作を大きくして、見ている人に分かるような叩き方をしてください。ボディパーカッションは見て音楽を楽しむ要素が大きいからです。
・ウェーブの部分は16分音符の細かいリズムなので、なかにはうまく叩けない子どももいます。その時は、1小節の最初と最後のタイミングを合わせるように指導してください。
・Gのエンディングは、全体で何度も練習して確実にできるようにしてください。

トライアングル・カノン

山田俊之 作曲

2小節遅れのカノン形式（初級編）

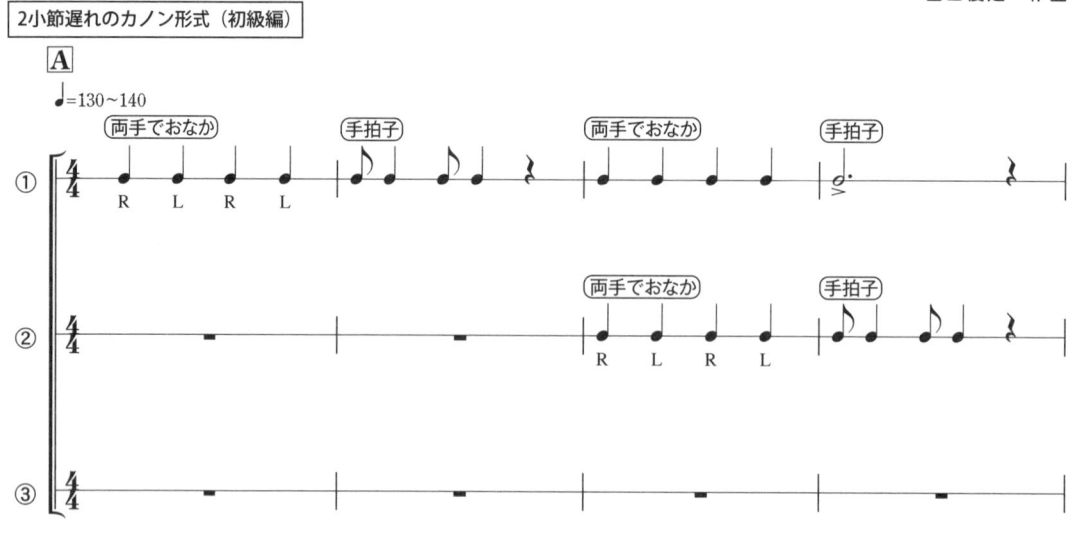

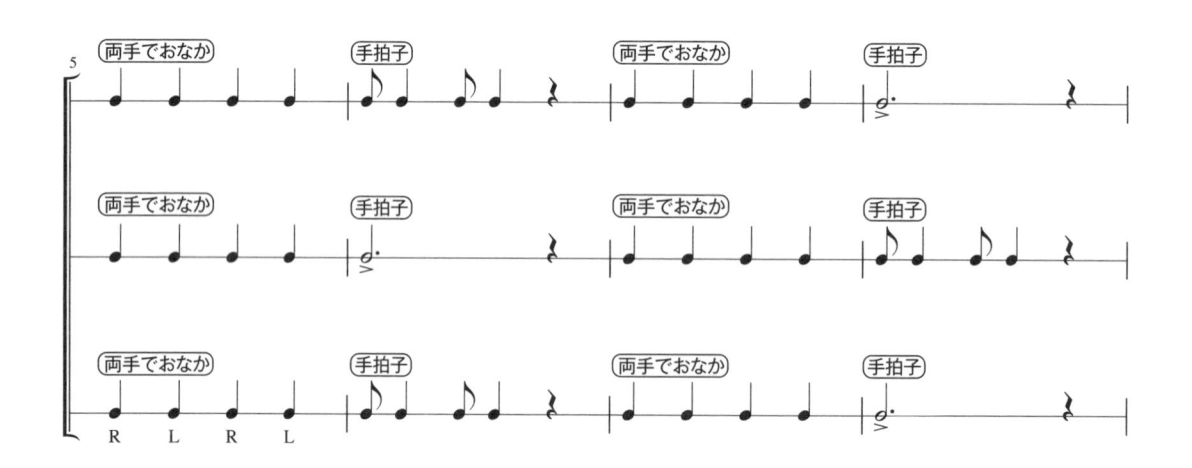

13
両手でおなか
手拍子
手拍子
手拍子
手拍子
手拍子
両手でおなか
手拍子
両手でおなか
手拍子
手拍子
手拍子
C
17
両手でおなか
手拍子
足踏み
R L R L R L R
手拍子
手拍子
両手でおなか
手拍子
両手でおなか
手拍子
手拍子
手拍子
21
手拍子
手拍子
足踏み
R L R L R L R
手拍子
足踏み
R L R L R L R
手拍子
手拍子
手拍子
手拍子
足踏み
R L R L R L R
手拍子

25
足踏み
手拍子
手拍子
手拍子
足踏み
R L R L R L R
手拍子
D
29
両手でおなか
手拍子
手拍子
手拍子
両手でおなか
手拍子
手拍子
手拍子
両手でおなか
手拍子
手拍子
手拍子
33
手拍子
手拍子
足踏み
R L R L R L
手拍子
手拍子
手拍子
足踏み
R L R L R L
手拍子
手拍子
手拍子
足踏み
R L R L R L
手拍子

トライアングル・カノン

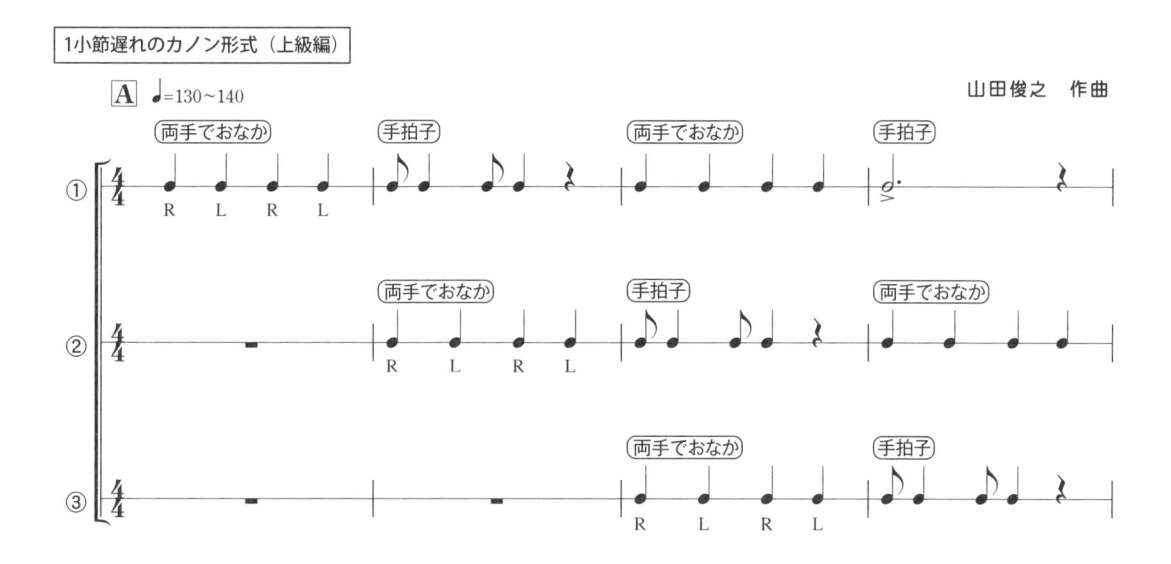

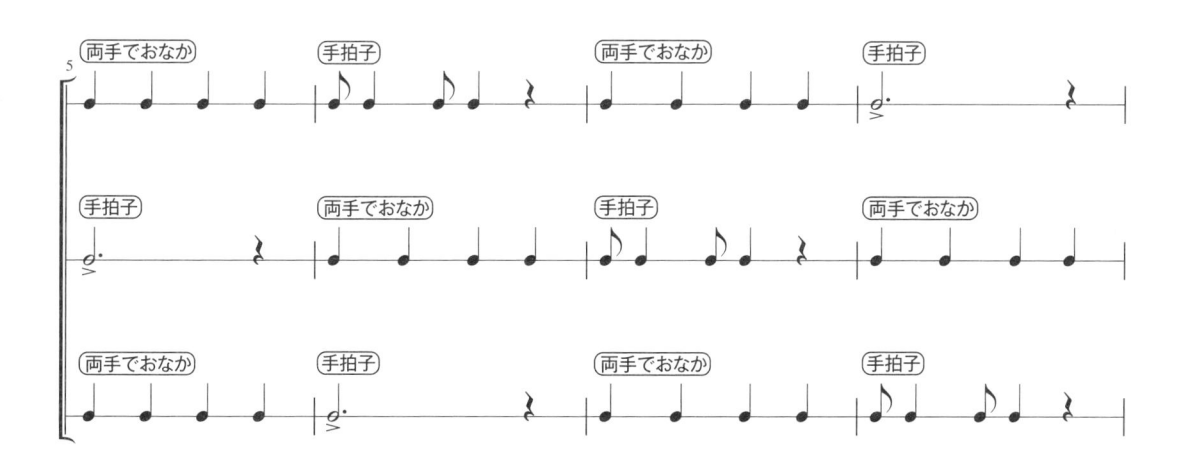

1小節遅れのカノン形式（上級編）

山田俊之　作曲

50

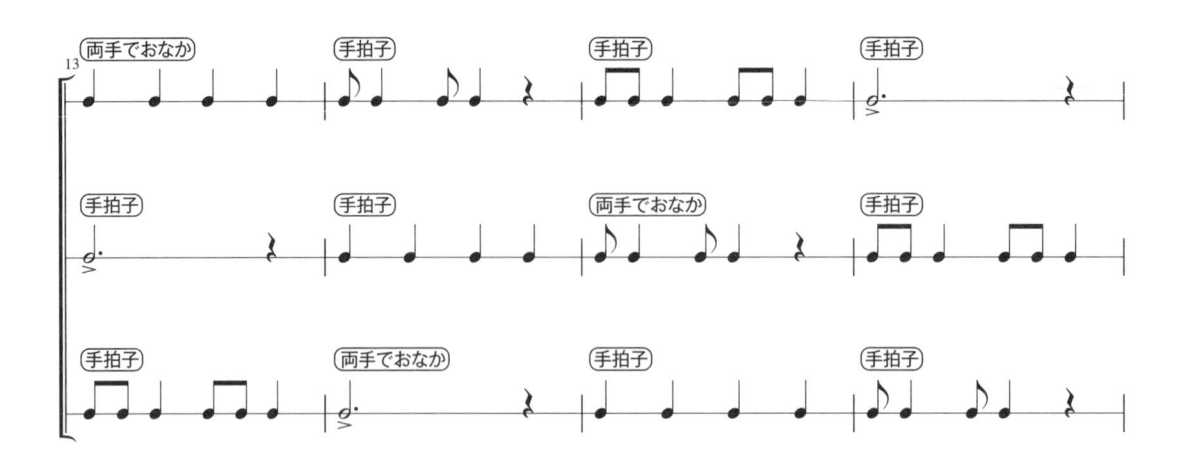

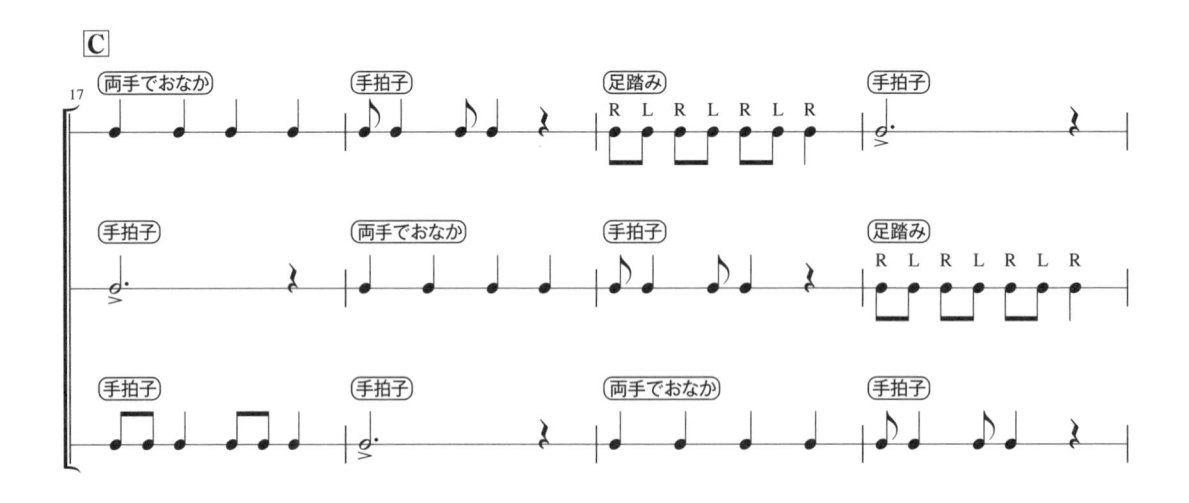

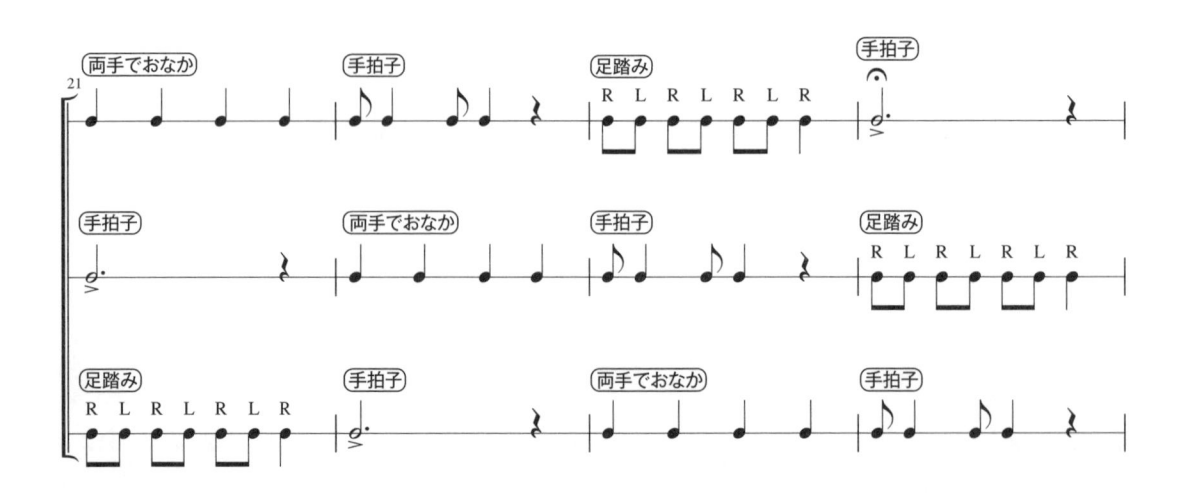

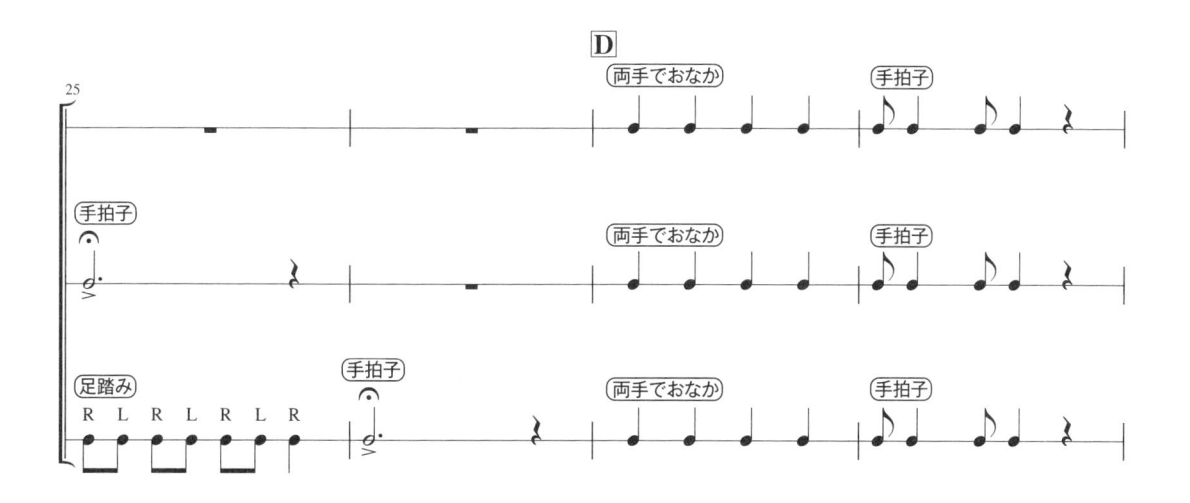

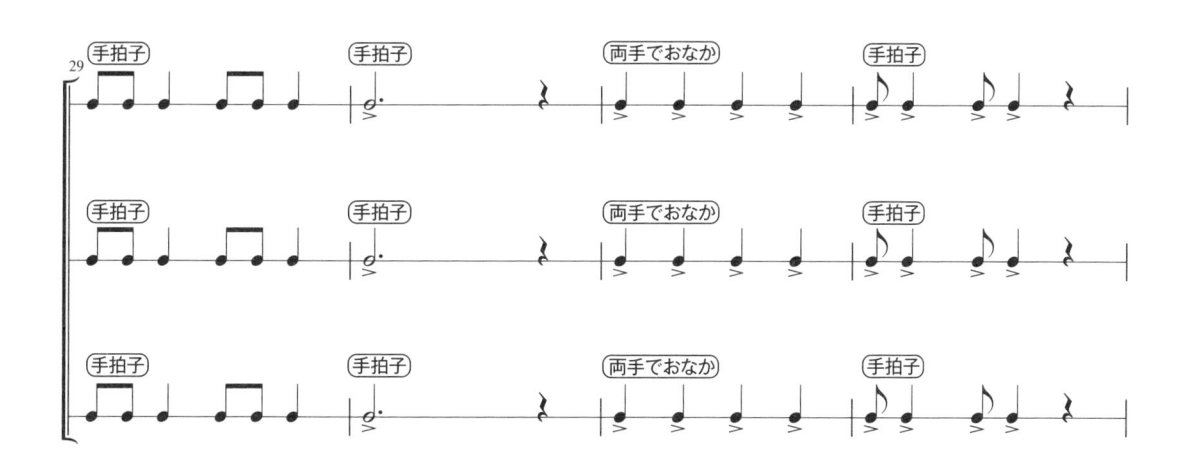

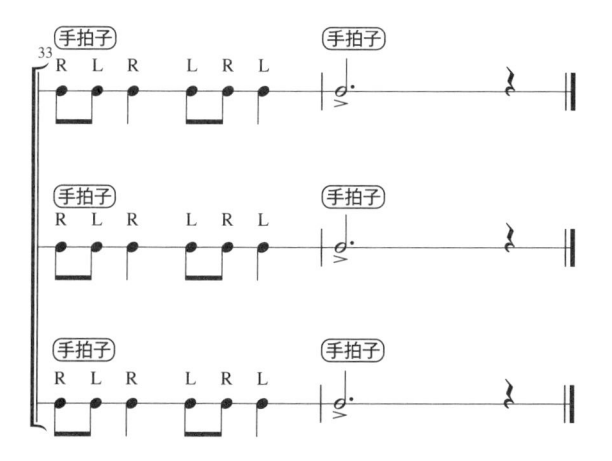

Part 4 ボディパーカッション・アンサンブル……51

リズミック・ボディパ

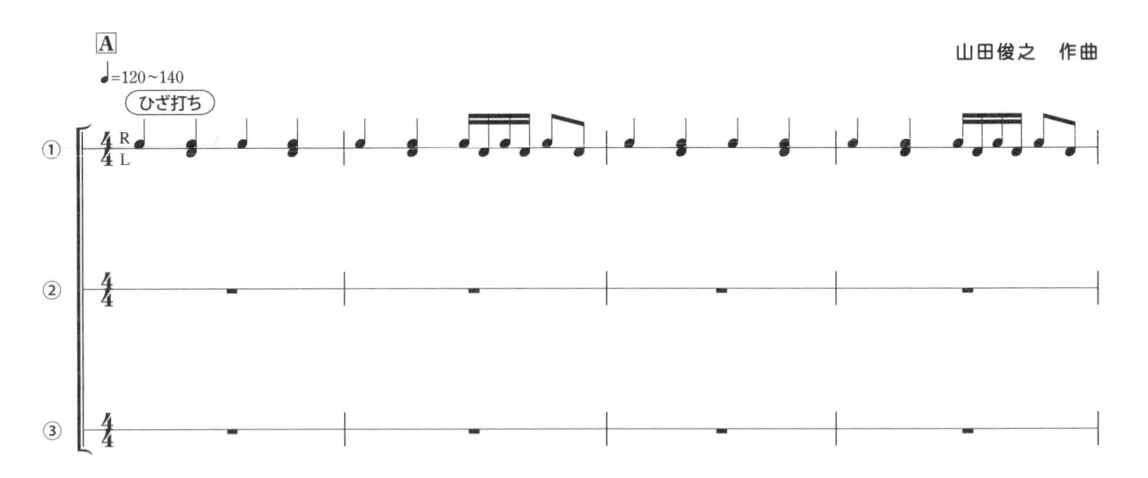

山田俊之　作曲

手 ＝手拍子　お ＝おしりを片手で叩く

注1　足踏み は手を振って行進風に行ってください。

注2　ウェーブ奏法 とは16分音符で、すね→ひざ→おなか→むねを1拍ずつ叩いていきます。

© 2007 by ONGAKU NO TOMO SHA CORP., Tokyo, Japan.

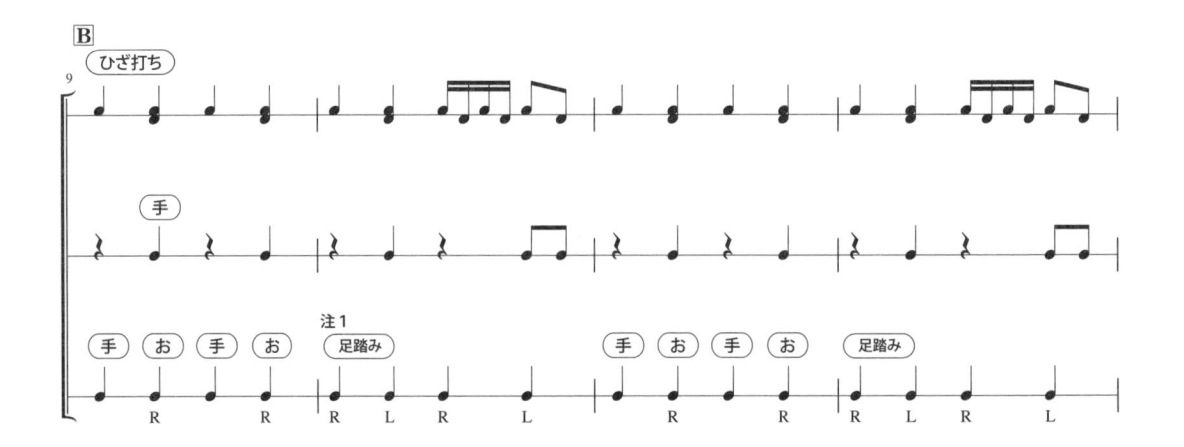

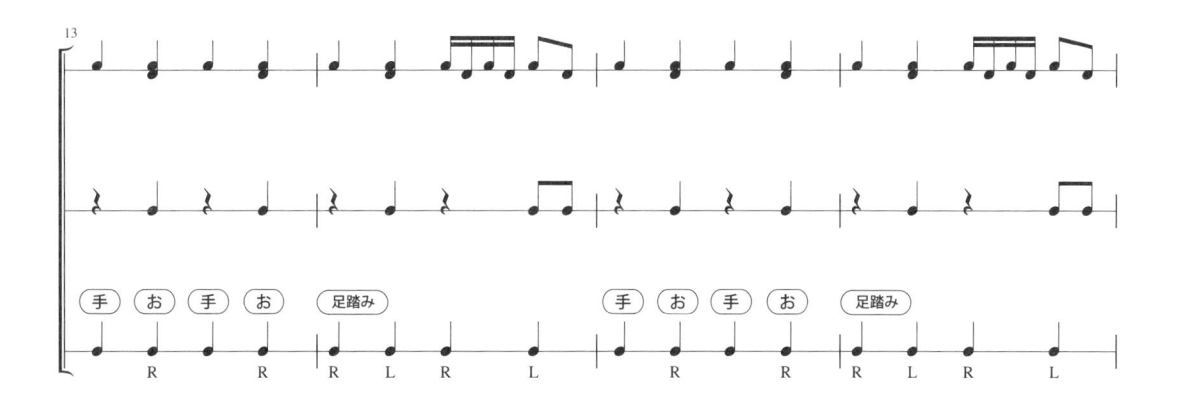

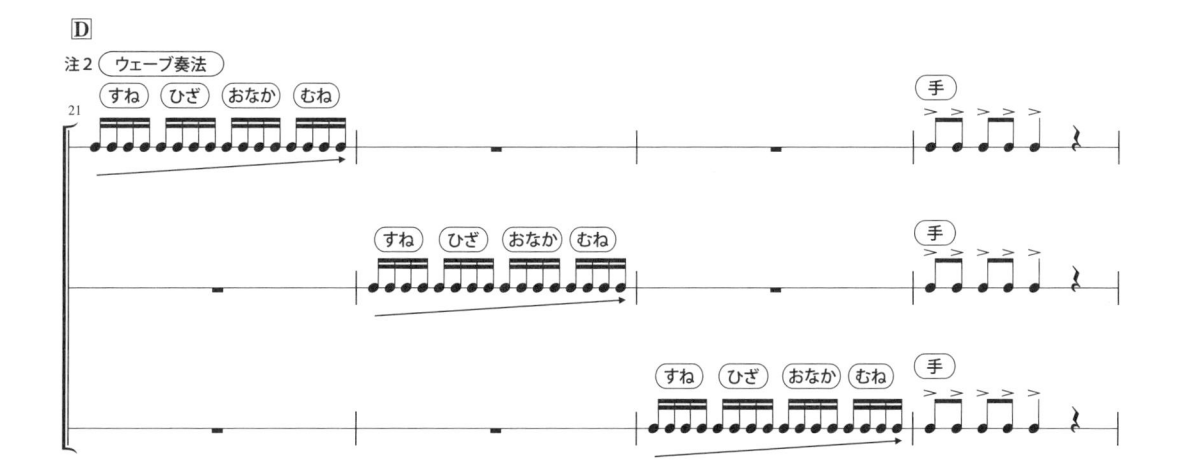

Part 4 ボディパーカッション・アンサンブル……53

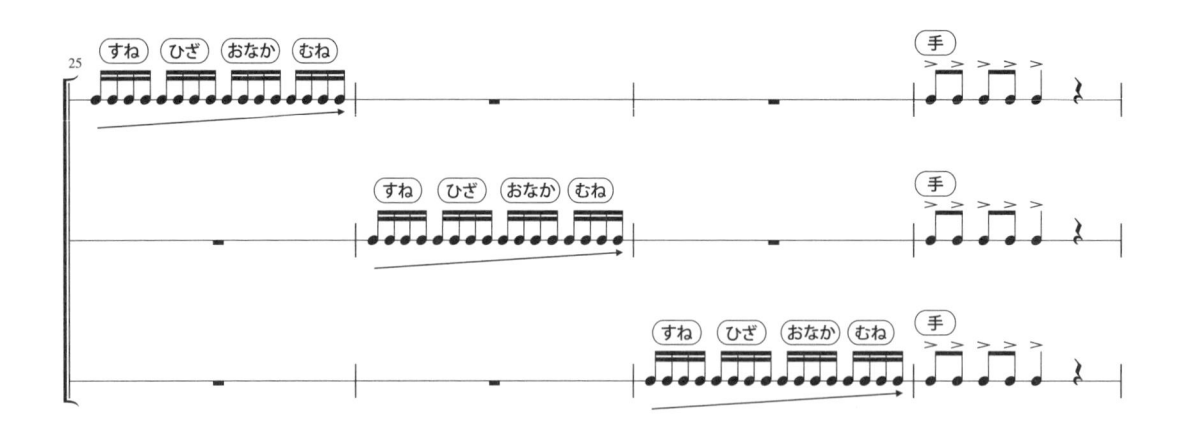

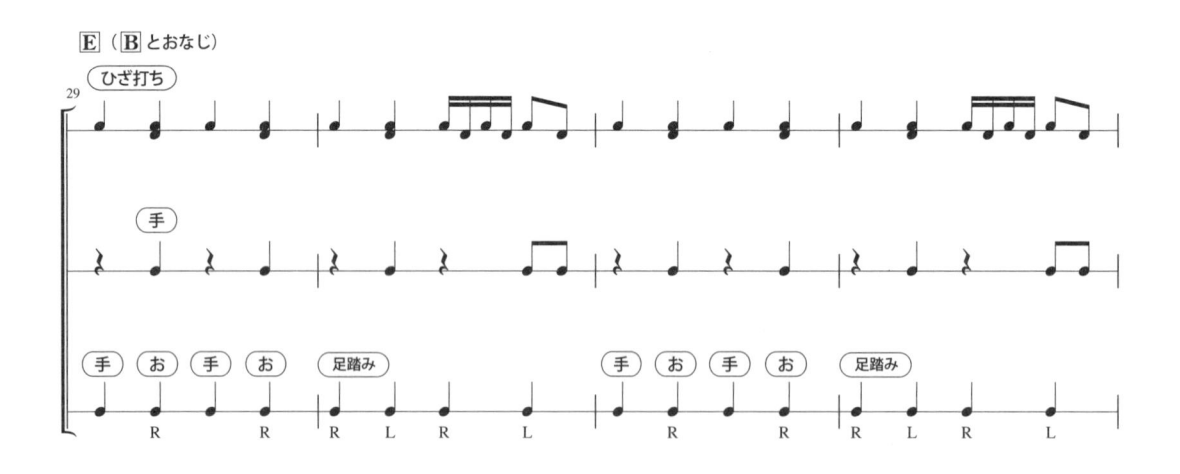

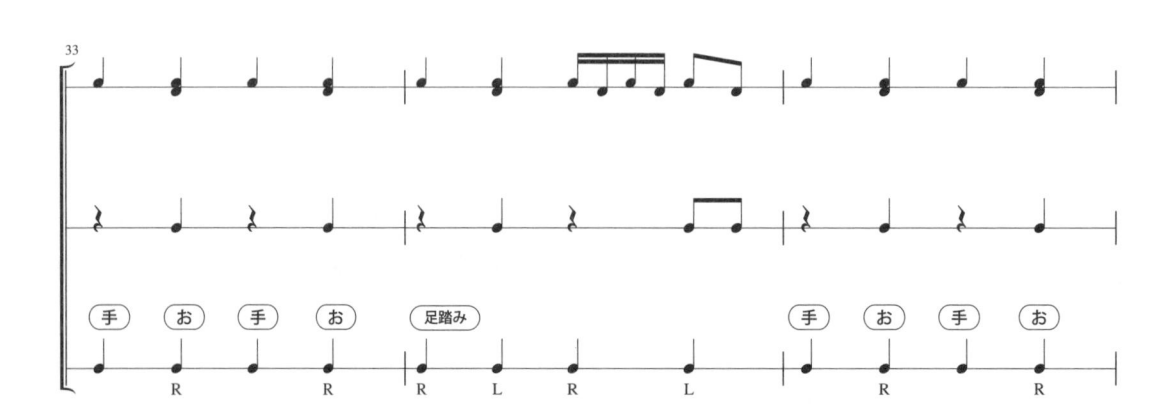

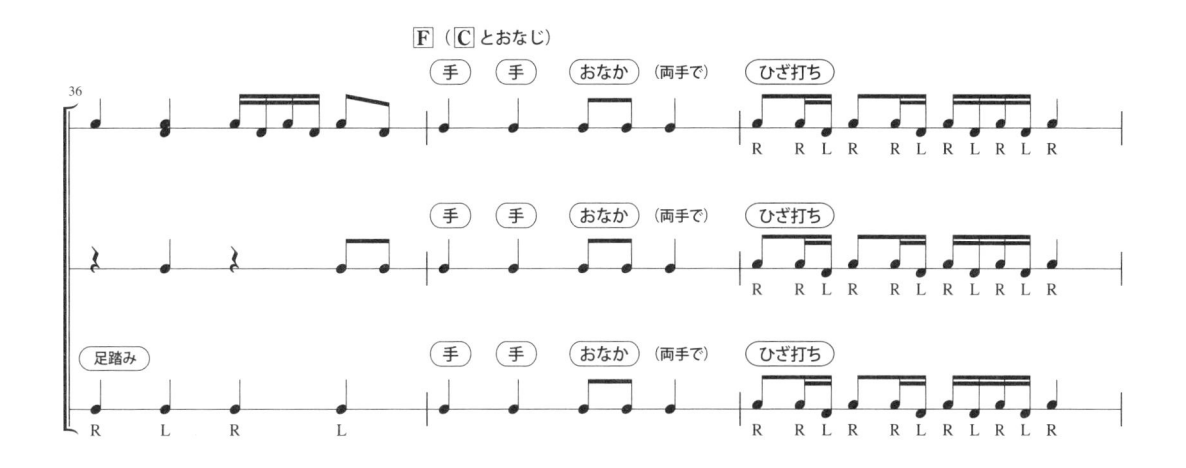

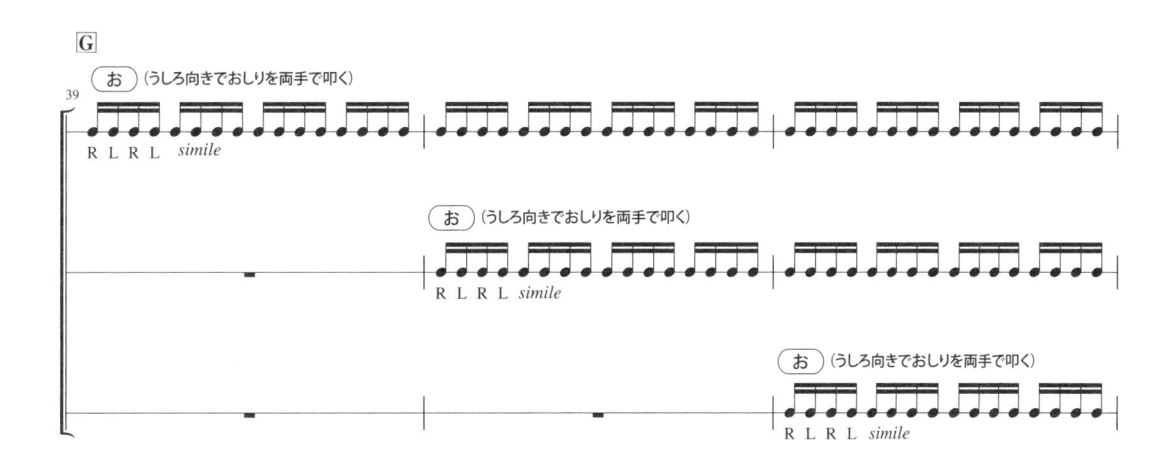

Part 4 ボディパーカッション・アンサンブル……55

ハンドクラップ・トリオ

　この曲は、曲名のとおり、3人で手拍子を中心に演奏するボディパーカッション曲です。小学校低学年の児童にはやや難しいかも知れませんが、中学年以上であれば取り組めると思います。短時間のアトラクションとして、授業参観、校内発表会、音楽発表会などでご利用ください。人数が多いと見栄えもよくなります。

演奏の仕方と留意点

演奏者全体を3パートに分けてください。

1. ②パートから始まり、4小節ずつ遅れて、①パート、③パートと順に入っていきます。
2. ②パートはひざ打ち、手拍子を中心に基本リズムを作るパートです。技術的に少し難しいので、がんばって指導してください。
3. ①、③パートは手拍子が中心です。子ども達が元気いっぱい楽しそうに手拍子のリズムを打てるよう指導してください。
4. Eは、全員一緒に演奏します。この2小節でクレシェンドして、18小節目の3拍目（♩）は大きく「パチッ！」と揃えて打ってください。
5. 最後の6小節（H I）のエンディングは、全員同じリズムを演奏します。手拍子、両手でおなか、ひざ打ちと、シルエットもバラエティに富んでいるので、動作を大きくすると見ているほうも楽しくなります。

指導のポイント

- 最後の2小節は f で演奏して、ラストは元気よく「YA!!」と声を出してエンディングを決めるように心がけてください。上手にできない子どもも「YA!!」の声を揃えることで一体感が味わえます。
- 演奏の途中で、リズムがずれてもあまり気にしないで下さい。少しのずれは装飾音符としてとらえてください。
- ①パートが比較的簡単なパートです。

ハンドクラップ・トリオ

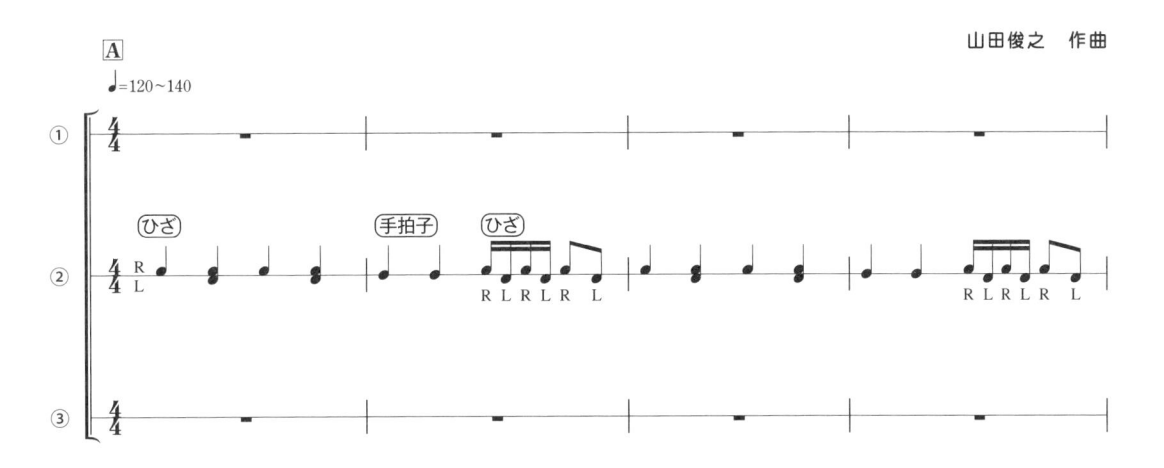

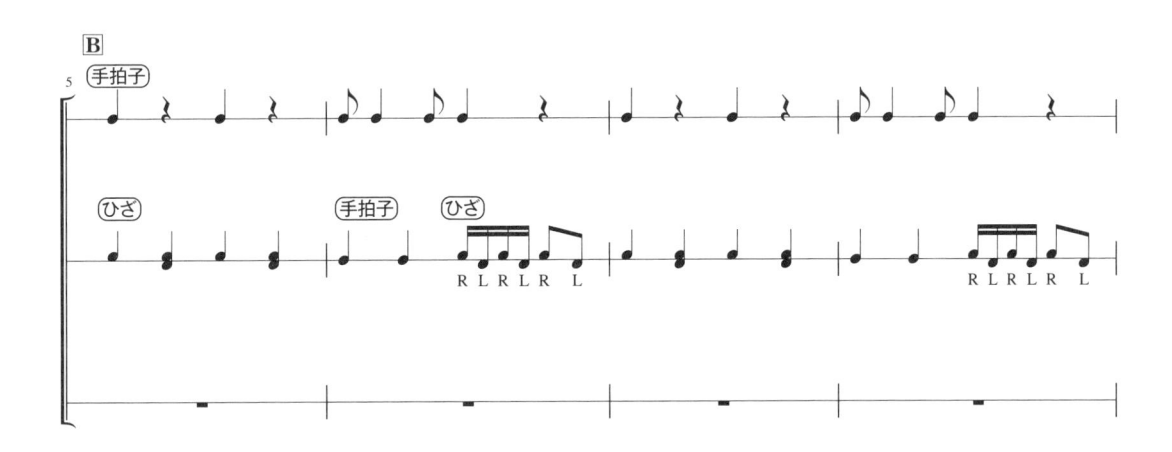

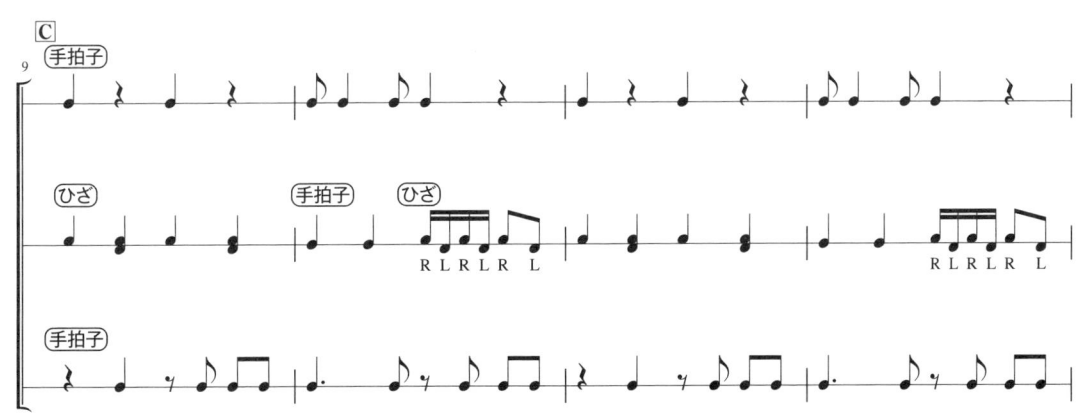

山田俊之 作曲

58

Part 4 ボディパーカッション・アンサンブル……59

おわりに

　ボディパーカッションは、子ども達が生き生きと活動ができる学級作りの一環として行うことから始まりました。
　今まで乱暴だったりして敬遠されていた子ども達や、クラスで目立たずなかなか認められなかった子どもが、ボディパーカッション活動を積極的に行った結果、体を使った非言語コミュニケーション能力を大いに発揮し、その後の自己表現能力、コミュニケーション能力、リーダーシップ能力まで身に付いた例が、長年の実践から多数見られました。
　小学校3年生の時は名前を呼ばれただけで顔を真っ赤にしてうつむいたままだった男子や、目に涙をためて立ちすくんでいた女子が、ボディパーカッションサークルに入って活発に自己表現能力を養い、中学校でクラブ活動のキャプテンや、生徒会長になって活躍し人前で堂々と発言や自己表現ができるようにまで成長した例も見てきたのです。
　研究会や研修会などでお会いした小学校の先生方から「クラスの中で、ボディパーカッション活動を取り入れると、子どもたちが秘めた力を発揮することがありますね」と言われることがよくあります。このことは、ボディパーカッション活動において、大変重要な意味を持っていると思います
　この教材集を手にしていただいた先生方は、ぜひ、今までクラスでなかなか認めてもらえなかった子ども達や、またおとなしくて目立たなかった子ども達が、相手に認められる喜びを感じられる、その手段としてボディパーカッションを活用していただきたいと願ってやみません。
　最後に、本書の出版に当たって、『教育音楽　小学版』連載では叱咤激励をいただきながら執筆した拙稿を掲載していただいた岸田雅子編集長はじめ、細部にわたり原稿に目を配って編集を担当していただいた出版部の岡部悦子さんほか、音楽之友社のスタッフの皆様方に心から御礼を申し上げます。ありがとうございました。

2007年7月　山田俊之

ボディパーカッション教育20年間の主なあゆみ

1986(昭和61)年
・福岡県久留米市立大橋小学校4年生のために、クラスの中で協調できにくい子どもを含めたコミュニケーション教材として、リズム学習教材「山ちゃんの楽しいリズムスクール」を作成。特別活動、ゆとりの時間、帰りの会、音楽の時間などで活用を始める(10月)。
・子ども達が、手拍子、足踏み、ひざ、おなかを叩いて楽しむ活動を「ボディパーカッション」と名付ける(11月)。

1987(昭和62)年
・福岡県久留米市立大橋小学校内で、リズム学習教材「山ちゃんの楽しいリズムスクール」の公開授業を行う(1月)。
・九州音楽教育研究会佐世保大会で、「低学年のリズム指導例」として、ボディパーカッションの取り組みを発表する(10月)。

1988(昭和63)年
・福岡県筑後地区小学校音楽祭で、小学校高学年(5、6年)のボディパーカッション演奏を公開する(1月)。

1989(平成元)年
・月刊『教育音楽小学版5月号』(音楽之友社)に、「ボディパーカッションを取り入れたリズム教育実践研究の取り組み」を寄稿(5月)。

1990(平成2)年
・久留米青年会議所と共催で「リズムとのふれあいコンサート」を開催し、福岡県久留米市立南薫小学校4年生約70名のボディパーカッション演奏を一般市民に初めて披露する(4月)。
・高学年や中学年児童を対象にしたボディパーカッション教材の開発に取り組む(4月〜)。

1991(平成3)年
・低学年児童を対象にしたボディパーカッション教材の開発に取り組む(4月〜)。
・福岡県久留米市立南薫小学校で行われた福岡県指定の研究発表会で、ボディパーカッション演奏を披露する。(10月)

1992(平成4)年
・久留米市立篠山小学校5年生を担任し、これまでに実践した様々なボディパーカッションの曲を発達段階に応じた教育教材として実践・整理しまとめる(4月〜)。

1993(平成5)年
・これまでに作曲したボディパーカッション教材の中から選曲し、久留米市立篠山小学校・久留米市立南薫小学校児童を中心に、小学生260名で「日本初 体がすべて楽器です! ザ・ボディパーカッションコンサート」(石橋文化ホール)を開催(11月)。
・九州大谷短期大学演劇放送コース1年生(80名)の表現発表のために、ボディパーカッションの指導を行う(12月)。(*以後5年間継続)

1994(平成6)年
・青少年健全育成を目的に、世界でも例のない児童の音楽演奏団体「ボディパーカッション・サークル」を結成(4月)。(*NPO法人ボディパーカッション協会の前身)。
・NHKテレビ「小朝が参りました 福岡県の巻」でボディパーカッションを演奏する(8月)。

1995(平成7)年
・久留米市でドイツ・ゴスラー音楽学校パーカッショングループと共演(7月)。
・日本テレビ「24時間テレビ 愛は地球を救う」で小学生300人のボディパーカッションを行う(久留米市立篠山小学校体育館)(8月)。

1996(平成8)年
・NHK教育テレビ「ユメディア号子ども塾」でボディパーカッションの授業を行う2月)。
・ボディパーカッション教則ビデオ『花火』『手拍子の花束』を作成し、福岡県内の障害者施設の指導者を対象に150本贈呈(3月)。(*制作NHKテクニカル)
・福岡県久留米市立久留米養護学校で、知的障害のある子ども達のためのボディパーカッションに取り組み始める(4月〜)。
・福岡県盲人福祉大会(久留米市)で視覚障害者700名を対象に演奏(7月)。
・平成8年度、佐賀大学教育学部小学校音楽課程の学生がボディパーカッションを卒業論文のテーマとして取り上げ指導する(11月)。(*担当指導教官 現東京学芸大学 筒石賢昭教授)

1997(平成9)年
・福岡県立久留米聾学校で、聴覚障害がある子ども達のためのボディパーカッションに取り組み始める(1月〜)。(*以後現在(2007年)まで10年間継続して取り組む)
・南アフリカの太鼓グループ「アズマ」と久留米市で共演(7月)。

・大分県教育センターの音楽講座でボディパーカッションの講義を行う(8月)。
・福岡教育大学教育学部小学校音楽課程及び特殊教育課程の卒業論文のテーマとして、ボディパーカッションが取り上げられる(10月)。(＊担当指導教官　平井健二教授)
・東京都児童会館(主催　東京都)で「体がすべて楽器です！ザ・ボディパーカッション」の公演を行う(12月)。

1998(平成10)年
・日本経済新聞「文化」欄に論文「体は楽器　手叩け足鳴らせ」を寄稿(2月)。
・アジア太平洋子ども会議イン福岡(主催　福岡青年会議所　後援　福岡市)でアジア40カ国の子ども達400人にボディパーカッション・ワークショップを行う(8月)。
・北九州市主催事業「ジャズ・フォー・キッズ」でハンクジョーンズ氏(ピアノ)、日野皓正氏(トランペット)と久留米市の小・中学生「ボディパーカションキッズ」が共演(8月)。
・全日本聾教育研究大会(福岡市)研究演奏で、福岡県立久留米聾学校幼稚部、小学部、中学部の全校生徒がボディパーカッションを披露(10月)。

1999(平成11)年
・精神科の入院病棟(福岡県山門郡　新船小屋病院)の音楽療法として、ボディパーカッションの指導を定期的に始める(5月～)。(＊以後3年間継続指導)
・臨床音楽療法学会・全国大会(東海大学)で、「養護学校、聾学校におけるボディパーカッションの取り組み」を研究発表(10月)。

2000(平成12)年
・NHK教育テレビ「教育トゥデイ」で"体を使った教育の広がりボディパーカッションの試み"が特集される(3月)。
・久留米市で世界的打楽器奏者バーナード・パーディ氏(米)と「ボディパーカションキッズ」が共演(5月)。(＊パーディ氏のレコーディング回数世界一の記録はギネスブックに掲載されている)
・久留米市の不登校の通学施設(適応指導教室)で、音楽遊戯療法の一環としてボディパーカッションの指導を1年間定期的に行う(4月～)。
・福岡教育大学附属小倉小学校研究会でボディパーカッションの実践講義を行う(6月)。
・精神科の入院病棟(福岡県山門郡　新船小屋病院)で音楽療法として行っているボディパーカッションを地域の瀬高町公民館で演奏する。精神障害者理解のための活動実践(12月)。(＊以後毎年、恒例行事として行われる)
・書籍『ボディパーカッション入門』(音楽之友社)出版(12月)。

2001(平成13)年
・平成12年度福岡教育大学附属小倉小学校研究発表会で、ボディパーカッションを取り入れた音楽科の研究発表を行う(2月)。(＊指導助言　木村次宏助教授)
・「第1回ボディパーカッション・ワークショップ」(東京・音楽の友ホール)を開催し、全国の音楽教育関係者を対象に指導法の実技講習を行う(3月)。
・書籍『楽しいボディパーカッション①リズムで遊ぼう』(音楽之友社)出版(6月)。
・「夏の合唱教育セミナー」(主催　小学校合唱指導研究会・中学校音楽授業研究会)において、全国の音楽教育関係者約500名を対象に、ボディパーカッション講座を行う(7月)。(＊以後4年間、毎年行う)
・「第2回ボディパーカッション・ワークショップ　IN Osaka」(音楽の友ホール新大阪)を開催し、関西地域の音楽教育関係者を対象に指導法の実技講習を行う(8月)。
・神奈川県総合教育センターで神奈川県内の小・中・高校の先生(約340名)を対象に、ボディパーカッションの実技講習会を開催(8月)。
・川崎市総合教育センターで小・中・高校の先生を対象にボディパーカッションの実技講習会を開催(8月)。(＊以後3年間、毎年行う)
・NHK交響楽団第一コンサートマスター篠崎史徳氏と共同企画し、久留米市文化センターホールにおいて「NHK交響楽団トップメンバーとボディパーカッション」演奏会を行う。障害者500名をリハーサルに招待する(12月)。
・日本音楽教育学会九州例会(福岡教育大学)で、「ボディパーカッション教育」についての講演を行う(3月)。

2002(平成14)年
・「第3回ボディパーカッションワークショップ」(科学技術館サイエンスホール)を開催(3月)
・「スポレク広島2002」(主催　文部科学省、広島県)開会式式典における"5万人のボディパーカッション"の企画と指導を行う(10月)。
・日本音楽教育学会全国大会(神戸大学)で、福岡教育大学木村次宏助教授と「ボディパーカッションにおける音楽科教育の可能性」について共同発表を行う(10月)。
・東京都小学校音楽教育研究会・器楽合奏部会(東京音楽大学)でボディパーカッションの実技研修会を行う(8月)。
・書籍『楽しいボディパーカッション②山ちゃんのリズムスクール』(音楽之友社)出版(12月)。

2003(平成15)年
・久留米市(荒木小学校)で「第1回ボディパーカッショ

・ン研究会」を開催(3月)。
・「小学校合唱指導セミナー」(小学校合唱指導研究会主催)でボディパーカッション講座を行う。(3月)(＊以後2007年までに3回行う)
・日本音楽教育学会九州例会(佐賀大学)で、「障害児教育(知的障害、聴覚障害)におけるボディパーカッション教育の取り組み」について研究発表を行う(3月)。
・大阪府小学校音楽教育研究会で、教師約500名を対象に研修会を開催する(5月)。
・ボディパーカッション教育活動に対して福岡市民教育賞を受賞(7月)。
・熊本県小学校音楽教育研究会で小・中・高校の先生を対象にボディパーカッションの実技講習会を開催(8月)。
・『楽しいボディパーカッション③リズムで発表会』(音楽之友社)出版(11月)。
・日本音楽教育学会実践ジャーナル創刊号に「ボディパーカッションのあゆみ」を発表。(11月)
・TOSS音楽主催全国研修会(東京)でボディパーカッション講座を行う。(12月)

2004(平成16)年
・「夏の合唱指導セミナー」でボディパーカッション講座を行い、詩人の谷川俊太郎氏 作曲家谷川賢作氏と共演。(7月)
・福山市教育委員会主催で小・中・高校の先生を対象にボディパーカッションの実技講習会を開催(参加者約120名)(8月)。(＊以後3年間、毎年行う)
・福岡市(都久志会館)で「第2回ボディパーカッション研究会」を開催(250名参加)(11月)。
・ボディパーカッション研修会に参加された全国の教育関係者の数が1万人を越える(12月)。
・NHK交響楽団第一コンサートマスター篠崎史徳氏と共同企画し、「NHK交響楽団トップメンバーとボディパーカッション演奏会」で一般小・中学生と聾学校生徒が共演(12月)。

2005(平成17)年
・ボディパーカッション大阪研修会に教師約400名が参加(1月)。
・平成17年度文部科学省検定済小学校3年生の音楽教科書『音楽のおくりもの』(教育出版)に、ボディパーカッション曲《花火》が採用される(4月)。
・月刊『教育音楽 小学版4月号』(音楽之友社)に「山ちゃんの楽しいリズムスクール」のタイトルで、リズム教育教材を紹介する連載開始(4月～。2007年8月現在、継続中)。
・「ボディパーカッション・ワークショップ＆コンサート IN東京」(浦安市民プラザ)を行う(8月)。

・日本音楽教育学会妙高ゼミナールで、ラウンドテーブルとワークショップを行う(9月)。
・琉球大学付属小学校で、ボディパーカッションを取り入れた公開授業と実技研修を行う(12月)。

2006年(平成18年)
・「夏の合唱指導セミナー」でボディパーカッション講座を行い、亀渕友香、ヒダノ修一、村山二朗各氏ほかと共演(7月)。
・徳島県小学校音楽教育研究会で、先生を対象にボディパーカッションの公開授業と実技講習を行う(8月)。
・松山市小学校音楽教育研究会で、先生を対象にボディパーカッションの公開授業と実技講習を行う(8月)。
・ボディパーカッション教育活動が認められ、世界96カ国の子どもの奉仕団体であるキワニス福岡より社会公益賞を受賞(11月)。
・東京都小学校音楽教育研究会で、音楽専科の先生を対象にボデパーカッションの公開授業業と実技講習を行う。(12月)
・ボディパーカッション誕生20周年記念「ボディパーカッション研究発表会・全国大会」を行い、フィナーレにNHK交響楽団第一コンサートマスター篠崎史徳氏と共同企画で、演奏会「NHK交響楽団トップメンバーとボディパーカッション」を開催。障害者500名を招待する(12月)。(＊研究指導 福岡教育大学 木村次宏教授)

2007年(平成19)年
・TOSS音楽主催全国研修会(札幌)でボディパーカッション講座を行う(7月)。
・香川県小学校音楽教育研究会で同講座を行う(7月)。
・全九州国立大学附属小中学校音楽科研修会で同講座を行う(7月)。
・富山県小学校音楽教育研究会で同講座を行う(8月)。
・ボディパーカッション研修会IN金沢(8月)。
・日本学校音楽教育実践学会で、特別支援のためのワークショップを行う(8月)。
・徳島県小学校音楽教育研究会でボディパーカッション講座を行う(8月)。
・リズム教育とコミュニケーション能力育成のための教材を収録した書籍『体がすべて楽器です！ ザ・ボディパーカッション ほかほかパン屋さん』『同 ケチャ風お茶づけ』(音楽之友社)出版(8月)。

著者紹介

山田俊之（やまだ・としゆき）

九州女子短期大学特任教授、九州大学教育学部非常勤講師、NPO法人ボディパーカッション協会理事長、元公立小学校、特別支援学校勤務（教諭、管理職）。

1986年小学校4年生担任の時、学級活動で手拍子、ひざ打ち、おなかを叩くなどの身体活動を、コミュニケーション能力を高める表現教材として開発・考案し「ボディパーカッション」と子ども達と一緒に名付け教育活動を展開する。

その後、全国の小学校、特別支援学校、不登校施設、幼児教育で25年以上活動を行い、その指導法講座を受講した全国の教育、福祉、音楽教育関係者が3万人を超える。

平成21年第44回NHK障害福祉賞最優秀賞、平成23年度読売教育賞最優秀賞。

作曲したボディパーカッション教材「花火」が平成17年度小学校3年生音楽科教科書（教育出版）に、「手拍子の花束」が平成24年度特別支援教育用音楽科教科書（文部科学省編集）に採用される。

【主な著書】
『ボディパーカッション入門』『楽しいボディパーカッション①リズムで遊ぼう』『同②リズムスクール』『同③リズムで発表会』『特別支援教育用教材：楽しいボディパーカッション』『すべての人におくるボディパーカッションBEST』（以上、音楽之友社）ほか多数。

【社会教育活動】
2011年より、九州大学芸術工学部との共同プロジェクトで『聴覚障害者のためのボディパーカッション教則DVD』を作成し、全国の聴覚特別支援学校、関連施設へ無料配布や普及活動を行っている。
2014年より、文部科学省（教科調査官）、JHP（学校を作る会）、カンボジア教育省の共同プロジェクトに参加し、カンボジア教育支援を行う。

【問合せ】edubody1986@gmail.com

体がすべて楽器です！
ザ・ボディパーカッション　ほかほかパン屋さん

2007年 8月30日　第1刷発行
2020年 8月31日　第14刷発行

著　者　山田俊之
発行者　堀内久美雄
発行所　東京都新宿区神楽坂6-30
　　　　株式会社　音楽之友社
　　　　郵便番号 162-8716
　　　　電話 03(3235)2111（代表）
　　　　振替 00170-4-196250
装丁・本文デザイン　廣田清子
イラスト　柳沢昭子
組版　スタイルノート
印刷　星野精版印刷
製本　ブロケード

©2007 by Toshiyuki Yamada

日本音楽著作権協会(出)許諾 0710129-014号

落丁本・乱丁本はお取替えいたします
Printed in Japan
ISBN978-4-276-31575-4 C1073

この著作物の全部または一部を権利者に無断で複製（コピー）することは、
著作権の侵害にあたり、著作権法により罰せられます。